生きる力がわいてくるスピリチュアル気功

誰でも・どこでも・いつでもできる佐藤式気功

佐藤気功センター所長
意識科学研究所所長
佐藤眞志

ハート出版

はじめに

「気」という生命エネルギーが、目にはみえないけれども確かに存在するということを、今では疑う人は少なくなってきました。気とか気功に対する社会的認知はこの数年で急速に広まっており、気功に携わる者として隔世の感があります。

気に関する国内外の研究も進んでいますが、私も十数年前から大学や研究機関による実験に積極的に参加してきました。科学的な検証の成果もいくつかの論文にまとめられています。ここにきて、ようやく地道な研究活動の積み重ねが実を結んできたのではないかと思います。

そうした私の歩みをまとめた『幸せを呼び込むスピリチュアル気功』（ハート出版）を上梓してから、嬉しいことに、新たなご縁がどんどん拡がっています。佐藤式気功法のことを本で知り、実際に体験して健康を取り戻された方が大勢いらっしゃいます。「こころが軽くなった」「生きることが楽になった」などと喜びにあふれたご報告もたくさんいただきました。

考えてみれば、佐藤式気功がこうして皆さんの中に広く受け入れられ、お役に立てているのも、これはもう大いなるサムシング・グレート（大いなる存在）の計らいとしかいいようがありません。

今、残念なことに、地球上では物質と気の調和が崩れてきており、世界中でそれを裏付けるような社会現象が起きています。こんな状況だからこそ、佐藤式気功に課せられた役割も重いと思うのです。大いなる存在と地球との間の良循環を整えていき、その結果、私たち人間の健康と精神性がより高まっていくこと……、佐藤式気功はそんな働きを担っているのではないかと実感しています。

佐藤式気功は、心や身体の健康療法としてさまざまな効果が認められていますが、優れた免疫理論である「福田―安保理論」に基づいた気功法として、さらなる進化をめざして、今以上にレベルアップさせていかなければなりません。

医学界では、西洋医学と代替療法との統合をめざす新しい医療の潮流が押し寄せています。佐藤式気功にも医療現場からの関心が日増しに高まっており、そうした声もこの本で紹介しています。さらには、読者の方々から要望の多かった、自宅でできる自己トレーニング法や、気功を取り入れた健康生活術にもふれていますので、佐藤式気功法の実践編としても大いに活用していただけるのではないでしょうか。

一人でも多くの方に佐藤式気功に触れていただき、心と身体を健康に、そして内側から輝かせるお手伝いができれば、これ以上の喜びはありません。

生きる力がわいてくるスピリチュアル気功★もくじ

2章 免疫力を高めて心と体を癒す 49

3章　医療の現場が注目しはじめた　91

1　統合医療推進プロジェクトの立ち上げ　94
芦田敦子さん　善衆会病院　ゼネラルマネージャー・医療コーディネーター

2　佐藤式気功とスピリチュアリティの変化　104
濁川孝志さん　立教大学　コミュニティ福祉学部教授

3　論文「外気功がスピリチュアルな価値観に及ぼす影響について」109
濁川孝志さん　立教大学　コミュニティ福祉学部
安川通雄さん　専修大学　社会体育研究所
大石和男さん　専修大学　社会体育研究所
佐藤眞志　佐藤気功センター

4　佐藤式気功体験後のO-リングテスト診療の変化　137
竹谷徳雄さん　黒部市民病院　小児科

5　医学常識ではあり得ないことが起きてしまった　150
小坂正さん　小坂整形外科　院長

4章　体験者が語る「感動の出会い」　155

5章　自宅でできる自己トレーニング　219

6章 佐藤式気功を知ろうQ＆A 241

1章
慈しみの気功とともに生きる

佐藤式気功は、誰でも･どこでも･いつでもできる気功法。
慈しみの気が分けへだてなく届きます。
そんな佐藤式気功のユニークな特徴を紹介します。

❶ 佐藤式気功がもたらした小さな奇跡

この気功にわずかな望みをかけて

佐藤式気功法を私が始めてから、早いもので、もう15年以上が経ちます。その間には、つらい症状で苦しんでいる人、精神的なストレスを抱えている人、仕事や競技生活でもっと上を目指して能力開発に励んでいる人など、年齢も立場も目的も違うさまざまな人たちが訪ねて来られました。そうした方々の施療に長年携わっていると、時に私自身も目をみはるような「気の威力」というものに触れることがあります。

先日もこんなことがありました。80歳代の老婦人が、初めての気功を受けにみえたときのことです。息子さんに付き添われて部屋に入ってきたその女性は、背骨が腰のところで折れ曲がり、そのせいで上半身が極端に前傾姿勢になっており、見るからに痛々しい感じでした。

聞けば、膝は人工関節が入り、首も腰も痛いとのこと。歩くのもやっとという感じでしたので、さぞや日常生活でも不自由をきたしていたのではないかと思います。

そんな姿勢になった原因は不明で、ある朝起きてみたら、背骨が曲がったまま元に戻らなくなってしまったそうです。外科病院でＭＲＩ（磁気共鳴画像法）も撮って、院長の診断したところでは、背骨が曲がっている箇所の手術はできないとのことでした。年齢的なこともあったのかもしれませんが、治療といってもそれ以上の改善は望めないとのことでした。要するに、この女性の抱えている辛い状況は、なす術がないとのことだったのです。

その女性は家族から佐藤式気功を勧められ来られたのですが、その沈んだ表情からして、気功の効果についても内心では半信半疑だったのでしょう。それでもせめて痛みだけでも和らげばいいくらいの、わずかな望みを抱いて佐藤式気功を受けに来られたのではないでしょうか。

曲がった背骨が伸びた！

私はいつもの手順で施療を始めました。施療台に上がるのでさえ大変でしたが、ともかく施療台に横たわった女性は、しばらくしてお腹のあたりに温かさを感じはじめたといい、おだやかなぬくもりが全身に広がっていくことを感じていたようです。それに従い、背中の痛みがどんどん楽になってきたと女性はいいました。

そして気功施療をひと通り終え、施療台から降りて立ち上がった彼女を見て、私も含めてその場にいた全員がびっくりしたのです。あの90度近く曲がっていた背筋が、その半分ほどの角度にまで伸びて、上半身が起き上がっているではありませんか。なんといっても一番驚いていたのは当のご本人で、その女性の口から思わず明るい歓声がもれました。付き添いの息子さんも喜びに目を丸くして驚いていました。

女性は腰や背中の痛みもほとんど感じないといい、帰りには介添えなしで部屋を歩いて出て行けるほどに機能が回復したのです。結局この女性の場合は、4回目の施療で完全に背筋が元通りに伸びて、普通の生活が可能になりました。

帰り際にその女性は、何度もお礼をいいながら、私に向かって手を合わせるので、私の方が少々照れくさくなってしまったほどです。その時の女性の表情は、明かりを灯したようにに喜びにあふれていました。たしかに、今まで西洋医学ではあきらめるしかなかったひどい背骨の曲がりが、気功で一気に改善したのですから、その感激もひとしおだったに違いありません。

もちろん私も、施療にたずさわる者として、このようなすばらしい場面を目の当たりにできることは、このうえない喜びです。

しかし、この出来事は私の力で起きたというよりは、この佐藤式気功の偉大な「気の働き」の賜物なのです。しかも、これまで佐藤式気功を体験された方の中には、こうした小さな奇跡としかいいようのない回復の例がいくつもありました。多発性脳梗塞の男性が短期間で治ったり、不治の病とされた脊髄麻痺の患者さんが3ヵ月で社会復帰した例もあります。その事実からすると、いずれにせよ心や身体のケアに佐藤式気功が何らかのよい効果をもたらしていることは間違いありません。

❷ この気功がユニークといわれる三つの理由

だれでも・どこでも・いつでもできる気功

佐藤式気功は他の気功とくらべてどう違うのでしょうか。実は、かなり違っています。

「なぜだかわからないけど、体の中から温まるような感じがする……」

「頭と体が軽くなった。足元まで重心が降りてきたような安定感がある……」

佐藤式気功に初めて接した方から、こんな感想をよくいただきます。他のところで気功を受けた経験のある方からは「こんな気功は初めてだ」といわれることが多いのです。

たしかに、佐藤式気功にはユニークな特色がいくつもあるのですが、「佐藤式気功ってどんな気功ですか」と問われたら、私はまず「だれでも、どこでも、いつでも簡単にできる気功です」とお答えすることにしています。

★だれでも……老若男女だれでも簡単にできます。ベッドに寝たきりの人でもできます。外国の方でもできます。

★どこでも……世界各国、どこにいても簡単にできます。暑いところでも寒いところでも場所を選びません。

★いつでも……仕事中でも、食事中でも、勉強中でも、競技中でもできます。いざというときに簡単にできます。健康に不安を感じたり、痛みがつらいとき、気を受けたいと思ったらすぐにできます。

このように、佐藤式気功は一度気のコネクトさえできるようになれば簡単に、だれにも、どこにでも、いつでも必要な時に、分けへだてなく慈愛の気が届けられるようになっています。一人でも多くの方にこの気功のパワーを享受していただきたいと思っています。

キーワードは「内界の気」「収縮気と拡大気」「気の重心」

具体的にいうと、佐藤式気功法には一般的な他の気功法に見られない大きな特徴が三つあります。そして、その違いこそ佐藤式気功法がユニークだといわれる理由となっています。

まず一つめの特徴として、一般の気功では、気は外界から体内に入ってくるものですが、佐藤式気功は内界から体内に気が湧きあがってくるという点があげられます。

呼吸法やイメージなど、さまざまなテクニックを使って体内に気を取り込むのが一般の気功法であるのに対し、佐藤式気功法はそのようなテクニックを全く必要としません。意識するだけで体内に気が湧いてくるからです。

二つめの特徴は、佐藤式気功が「拡大気」と「収縮気」の二つの気をコントロールし、バランスを整えるという点です。

ところで、「気」とひと口にいっても、私は、その性質の違いによって拡大気と収縮気という二つの気が存在すると考えています。一般の気功法は、主に呼吸法によってこの収縮気と拡大気のバランスを整えているわけですが、佐藤式気功では気功を始めると同時に、

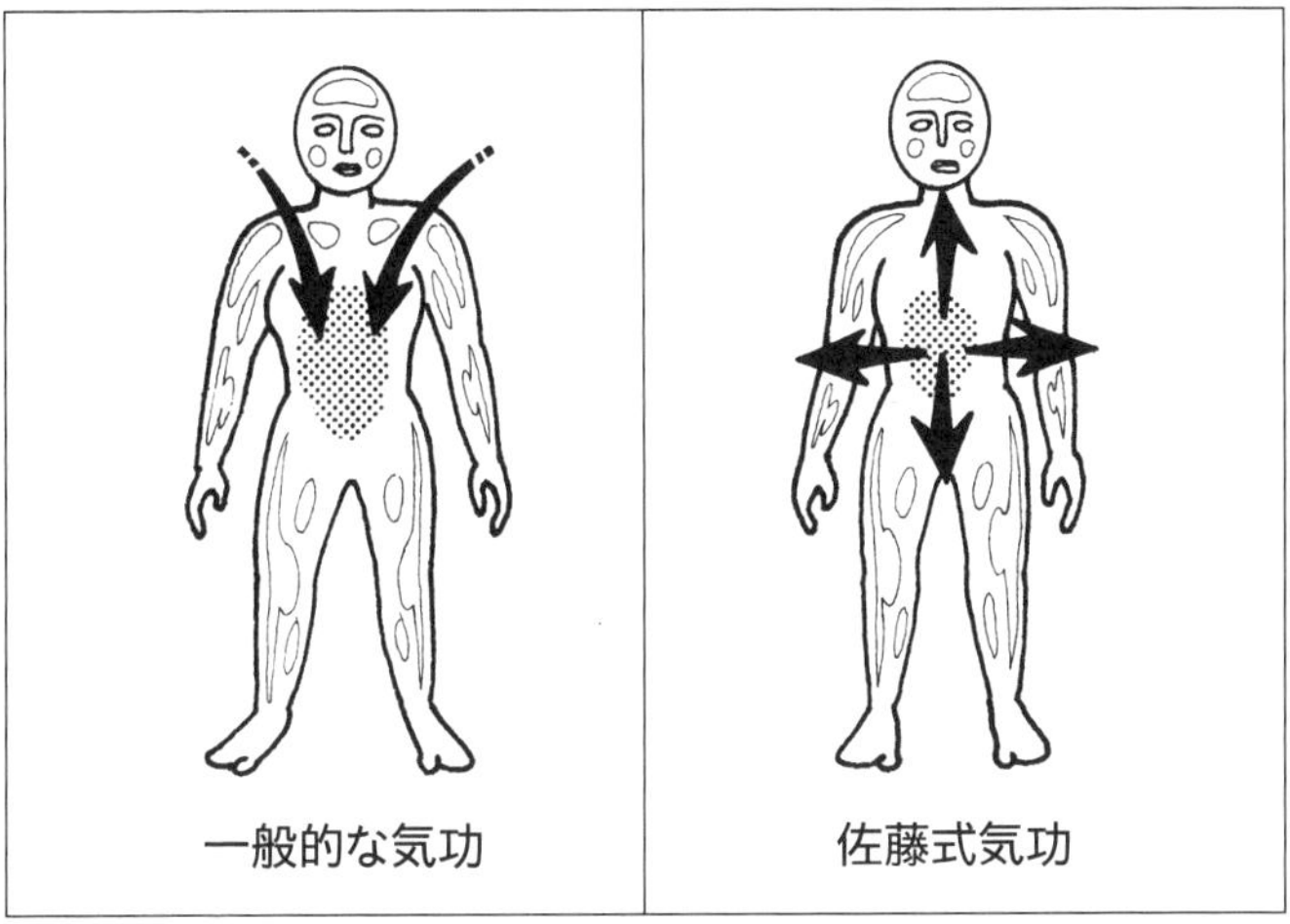

拡大気と収縮気のコントロールが自然に始まり、バランスが整えられます。いわば、気のスイッチを入れるだけで、全てが自然に、絶妙なバランスで整えられていくのです。

三つめは、「気の重心」が足裏まで下がるという点です。

一般の気功では、気の重心というのは丹田《たんでん》（下腹部）まで下がるとされ、その状態を理想的だと考えます。しかし佐藤式気功では、気の重心は丹田よりも下がって、足裏にまで下がります。そして究極には、足裏から宇宙の中心にまで重心が下がった感覚を体験します。それは、精神的にも身体的にも非常に安定感のある理想的な状態だといえます。

❸ 二つの気で満たされているこの世界

「意識を身体化する収縮気」と「意識をスピリチュアル化する拡大気」

気には収縮気と拡大気の二種類の気があるとお話しましたが、もう少し詳しく説明してみましょう。

まず収縮気とは、意識を身体に集約させる、つまり肉体的な方向に働く気であり、拡大気とは、身体から意識を解放させる、つまりスピリチュアルな方向に働く気といえます。より肉体そのものに働きかけるのが収縮気であり、より精神や魂に働きかける気が拡大気であるといえばわかりやすいかもしれません。

私たち人間は、この地球上で肉体を持った存在として生を営んでいるので、生きていくためには必然的に、「意識を身体化する収縮気」の恩恵を受けることになります。

同時に、私たちは肉体だけでなく魂をもつ霊的な存在ですから、「身体から意識を解放させるスピリチュアルな方向の拡大気」を受けることで、霊的な成長を遂げようとします。その意味で、最終的に寿命が訪れ、肉体から魂が抜け出て現世から「あの世」に旅立つとき、私たちは拡大気の恩恵を最大に受けとることになります。

このように、世界はこの二つの気のバランスの上で成り立っていると言っても過言ではありません。そして、佐藤式気功は、内界から湧いてくる二つの気（収縮気と拡大気）をコントロールしながら、身体と心と魂を癒し、さまざまな病気の回復を図ることができます。

さらには、この二つの気のコントロールにより、深い瞑想時のような高次の至高体験を得ることさえも可能となります。佐藤式気功は、その際立った性質により「スピリチュアル気功」と呼ばれるようになりました。

❹「収縮気」と「拡大気」の働きは交感神経と副交感神経の働きに似ている

「免疫革命」の安保理論を実践する佐藤式気功

世界的な免疫学者である新潟大学大学院教授の安保徹先生が、ご自身の著書『病は気からの免疫学』（講談社）の中で、佐藤式気功についてこう述べておられます。

「佐藤眞志さんによる佐藤式気功の特徴は、収縮気と拡大気で生命力を盛んにできるといっていることです。これは私が、『免疫革命』で述べている交感神経系と副交感神経系の働きとよく似ています。自律神経系は生体調整系としても神経系としても、もっとも古い歴史をもっています。この古さゆえに、気の働きと連動しているのでしょう」

私たちの健康状態を支えている自律神経の働きとは、交感神経と副交感神経の働きに他なりません。佐藤式気功法では、この自律神経のメカニズムに通じる気の働きを利用して施療を進めています。

二つの気のバランスをとれば免疫力アップ

交感神経系は人間の活動期に働き、副交感神経系は休息期に働く神経系といえますが、収縮気は交感神経系に、拡大気は副交感神経系に感応します。その仕組みを利用して、二つの気のバランスを整えていくと、身体が自律的に最適な状態へと改善されていきます。その結果として実際に免疫力が高まることは、実験でも明らかになっています。

収縮気は交感神経系に、拡大気は副交感神経系に働きかける

このことをさらに詳しく説明しますと、収縮気は、交感神経に作用し身体のエネルギー代謝を高め、体力を増進します。精神的にはやる気を起こし、積極的な気持ちにさせます。反対に拡大気は、副交感神経に作用し、極力、身体のエネルギー代謝を抑えて基礎代謝まで下げる働きがあります。その結果、熟睡効果が高まり、一日の身体の疲れが取れます。精神的には安らぎをもたらし、穏やかな気持ちで心が満たされます。

病気のほとんどが自律神経の乱れからくる免疫力の低下が原因といわれています。それは交感神経の緊張による血流障害によって引き起こされます。ですから、免疫学の観点からいえば、病気を治すためには副交感神経を優位にし、血流をよくし、体温を上げ、免疫力を高める必要があります。

そのためには、極力エネルギー代謝を抑えることであり、いったん身体と脳を休眠させて、充分に体と精神をゆるませてあげることが必要です。それが結果的に自律神経を整え、自然治癒力を高めることになります。

佐藤式気功は、おだやかな気功の作用により身体のエネルギー代謝を高めたり抑えたりできるので、弱っている身体や精神にも負担をかけることはありません。自然に免疫力を養うことができるのです。

❺ 外界の気と内界から湧き出る気

一般的な気功法は外界の気を利用する

外界—私たちの回りの自然界にも、内界—私たちの肉体の内側にも、それぞれ気（拡大気と収縮気）が存在しています。

外界の気そのものは、私たちが呼吸をするとき自然に体内に入ってきます。といっても、日常的には五感で気を体感することは難しいものです。錬功《れんこう》や瞑想などの修行をすることにより、五感ではなく第六感で気を感じることができるようになります。そして、一般的な気功法でいう気とは、この外界の収縮気と拡大気のことを指しています。

呼吸法や集中力を鍛えると、外界の収縮気を多く取り込むことができ、そのことにより身体を強化します。そしてさらに厳しく体を鍛えることにより、外界の拡大気が取り込まれ、雑念や煩悩を解消します。そのメカニズムとしては、錬功や修行により交感神経を過度に緊張させ、心身の耐力が限界を超えたときに、平常時に活動していなかった脳細胞が一気に動き出すのではないかと考えています。

ちなみに、カルチャーセンターなどで行なうゆるやかな気功体操は、収縮気を優位にさせる錬功だと思われます。拡大気優位の状態である悟りとか無我の境地にまで達するためには、さらに厳しい錬功が必要となるでしょう。

内界からの気で深いやすらぎを得る

では、内界の気とはどういうものなのでしょうか。

佐藤式気功を始めると、だれでも内界から気が湧き出てくるようになります。私自身の経験では、内界から湧き出る気というのは、外界の気よりもさらに微細で、おだやかで、深みのある気であると感じています。

佐藤式気功を受けている人の脳波や皮膚温を測定してみると、おもしろい変化が見られます。

まず内界の収縮気が優位に働くとき、脳波でいえばアルファ波が出ている状態となります。体感としては上半身がわずかに涼しくなり、下半身が温かくなります。（これを佐藤式気功では「温かいモード」と呼んでいます）

この状態は、適度な交感神経緊張状態であり、頭と身体の適度な活性化が起こり、精神的な気力を生み出します。

内界の拡大気が優位に働きだすと、アルファ波に加えてデルタ波が出ている状態となります。上半身の涼しさが増して、下半身にはおだやかな温かさを感じます。（これを「涼しいモード」と呼んでいます）

これがよくいわれる頭寒足熱状態で、このような気功感覚は、収縮気と拡大気がほどよく融合している状態といえます。そして、この状態は適度な副交感神経緊張状態であり、頭と身体をやさしく熟睡に誘導し、精神的に深いやすらぎを与えます。

ちなみに、このリラックス状態が最も深まったときに、深い瞑想時のような無我の精神状態が訪れ、中には体外離脱を体験する人もいます。その際、前頭葉にアルファ波、デルタ波、シータ波の三つの脳波が同時に現れますが、これはきわめて珍しい反応といわれています。

このように、佐藤式気功を受けている人には、単に外界の気を受けているときには見られないさまざまな体感の変化が現れます。これはまた、内界から湧き出る気ならではの特徴といえるでしょう。

❻ 健康とは「気の重心」が足裏へ下がること

現代人はストレスで「気の重心」が上がりやすい

佐藤式気功では「気の重心」を下げることがとても重要だと考えています。

「気の重心」――聞きなれない言葉かもしれませんね。そもそも気には重さがないのですから、気の重心といっても、物理的な重さの概念ではありません。この場合の重心というのは「気の根元」あるいは「気の意識される所」「気の充実している場所」といった意味あいです。

佐藤式気功では、この気の重心が丹田におかれるよりも、さらに下がって足の裏にある時が、心身ともにもっとも健康な状態だと考えています。それはどんなイメージかというと、足の裏に気の芯とか根っこがあったとしたら、そこから大地に根が生えているような、大地と一体化したような安定した感覚です。

反対に、足裏から重心が上がるにつれて、身心は不安定で不健康になっていきます。たとえば、気が頭にまで上がってしまった状態、これはかなり危険信号といえます。最近では、ストレスのせいで気の重心が上がってしまい、不調を訴える方が増えています。気が上がると、頭がのぼせてイライラしたり、感情のコントロールがうまくいかない、不眠や疲れやすいなどの兆候が現れるようなります。これは心身ともに不安定な状態ですから、このような状態が続くと体調不良となり、病気を呼び込んでしまいます。

心配なのは、気の重心が上がってしまって不調なはずなのに、自覚症状のないまま慢性化している人が増えていることです。長い間に、脳がそれを平常だと認識してしまうためではないかと思います。

しかし、気功を重ねていけば気の重心はどんどん下がっていきます。そしてさらに収縮気と拡大気のバランスがとれるようになると、気の重心も足裏に定まるようになります。

❼「心」とつながる中丹田

「中丹田」は慈愛の泉

「丹田《たんでん》」とは、気を収め、コントロールする場所ですから、身体の中でも特に大切な場所です。

一般的に丹田というと、主に下丹田《かたんでん》のことを指し、臍《へそ》から数センチ離れた下腹部のことをいいます。

中医学的には下丹田は気を蓄える場所とされ、体力増進の要と考えられています。

しかし、下丹田以外にも、もう一つ重要な丹田があります。それを中丹田《ちゅうたんでん》といい、胸腺の真下にあります。中丹田の定義には諸説ありますが、佐藤式気功では中丹田について、「心に深い安らぎとゆとりをもたらし、歓びや感謝が自然に湧いてきて他者をやさしく包み込む、深くて広がりのある丹田」だと考えています。中丹田は、心と深くつながる場所であることは確かなようです。

この中丹田がうまく働くようになると、身心の深い安らぎと癒しがもたらされるようになります。

座禅や瞑想では、第三の目と呼ばれている額の中心部（上丹田《じょうたんでん》）に意識を向け、心の雑念や煩悩を取り去る修行をすることが多いようです。そのせいか一般的に「心」というと、上丹田を指していると思われがちです。

しかし、佐藤式気功では、心は中丹田と結びついていると考えていますので、心と身体のケアのために中丹田の働きを重要視しているのです。

しかも、中丹田の位置する胸腺というのは免疫をつかさどる器官であり、中丹田の働きが免疫力を高める上で大きな役割を果たしています。

下丹田と中丹田の丹田バランスが働き出す

実際に佐藤式気功を開始すると、収縮気と拡大気が働き出して、まず収縮気が優位に働き下丹田の下腹部が温かくなる感覚を覚えます。

さらに進んでいくと、拡大気の作用で胸のあたりの中丹田に涼しい感覚を覚えるようになります。そのときの感覚を表現すると、胸の内に涼しく穏やかな風が流れ込むような感覚、心のわだかまりや苦痛が溶けて、開放されたような軽やかさを感じるという方が多いようです。

これがまさに、内界から湧いてくる収縮気と拡大気のコントロールによる下丹田と中丹田の丹田バランスが働いている状態、ということになります。

もちろんその場合にも特殊な呼吸や集中力は不要で、自然に副交感神経が優位に働き、おだやかな精神状態に導かれるのです。

❽ 人は下丹田タイプと中丹田タイプに分けられる

ストレスに強い下丹田タイプと感受性豊かな中丹田タイプ

下丹田と中丹田のことを考察していくと、佐藤式気功を受けにみえる方々が、その性格

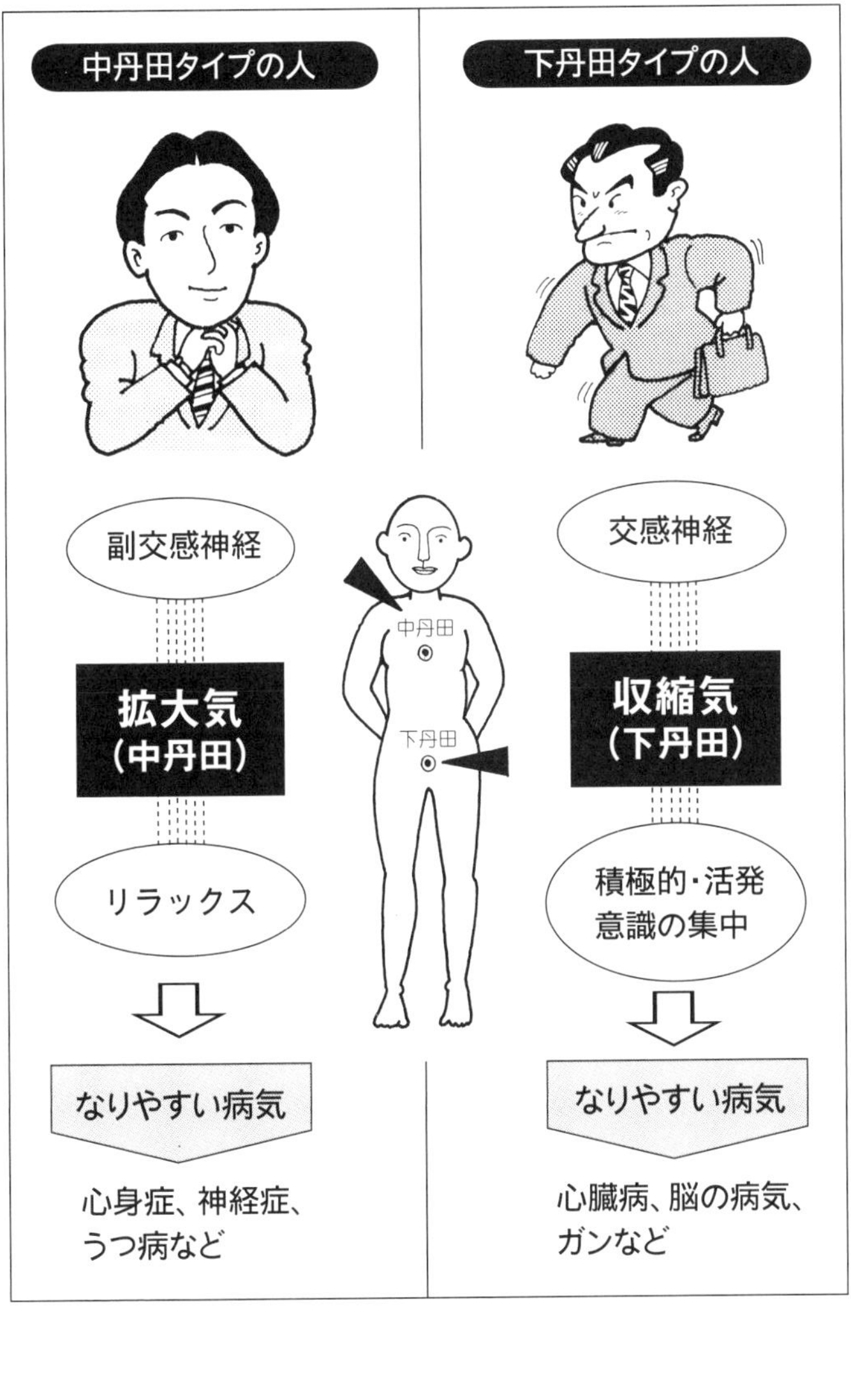
中丹田タイプの人
下丹田タイプの人
副交感神経
交感神経
中丹田
拡大気
(中丹田)
下丹田
収縮気
(下丹田)
リラックス
積極的・活発
意識の集中
なりやすい病気
心身症、神経症、
うつ病など
なりやすい病気
心臓病、脳の病気、
ガンなど

や症状によって大きく二つの丹田タイプに分けられることに気づきました。名づけて下丹田タイプと中丹田タイプとします。

実際に気を送ったとき、どちらかの丹田に気を強く感じますので、どちらのタイプかはすぐにわかります。どちらが良いとか悪いとかいうのではなく、それぞれに長所と短所があります。

下丹田タイプの人の長所は、体力があり、ストレスに強い体質と性格をもっていることです。短所としては、肉体的にも精神的にも感受性に欠ける面が見受けられ、思いやりや気遣いなど精神性が足りない部分があるようです。病気に気づくことが遅く、重い身体の病気になる傾向があります。

一方、中丹田タイプの人は、長所として、いたわりの心をもち、自分のことより相手のことを気遣ったりする優しい性格です。しかし、体力が乏しく、ストレスに弱い体質と精神面をもち、病気になると病気にこだわりすぎて自分を責めてしまう傾向があります。その結果、心の病気へと発展しやすいようです。

下丹田タイプの人は、収縮気の働きが強い収縮気タイプ、中丹田タイプの人は、拡大気が働きやすい拡大気タイプという言い方もできるでしょう。いずれの場合も、佐藤式気功により下丹田（収縮気）と中丹田（拡大気）のバランスが整えられることで、不調な部分が改善されていきます。

ふだんから、自分がどちらのタイプに当てはまるかを考え、短所の部分にも目を向けながら生活することを心がけると、それだけでも健康を取り戻す一歩になるのではないでしょうか。

❾「体外離脱」は最もリラックスしたときに体験できる

佐藤式気功と体外離脱体験

佐藤式気功はスピリチュアル気功といわれているように、身体から意識を解放させる働きが強いという特性があります。そのため、気功受療者の中には体外離脱体験をする方が少なからずいます。

ここで強調しておきたいのは、佐藤式気功の場合、それが心理的にも肉体的にも全く安全でリラックスした状態で体験できるという点です。

通常、体外離脱のような変性意識状態は、冷たい滝に打たれる行《ぎょう》とか、ヨガや瞑想の厳しい修行の過程で起こることがあります。あるいは、事故や病気などの臨死体験により体外離脱を経験するケースも多数報告されています。けれども佐藤式気功ではそのような極限状況に身をおかなくても、というより、むしろ最もリラックスしている状況でこそ体外離脱体験が可能になるのです。

どうしてそのようなことが起こるのか、そのメカニズムは次のようになると考えています。

私が気をコネクトすると、受療者の身体の内界から気が湧き上がり、収縮気が下丹田に、拡大気が中丹田にそれぞれ働きかけます。そのコントロールバランスにより、やがて拡大気優位の状態、すなわち副交感神経緊張状態に導かれます。このときアルファ波に加えて、熟睡時に見られるデルタ波の脳波が出ている状態となります。それは頭も身体も熟睡の深い安らぎに包まれた状態です。体外離脱体験はこのような状態の後、リラックスの極地に到達したときにはじめて起こるものです。

もっとも、この状況において受療者の意識はクリアーに覚醒しており、私の声もしっかりと聞こえていて、ふつうに会話もできます。脳波測定によっても催眠との違いが明らかにされているように、いわゆる催眠誘導状態ではありません。

いずれにせよ、特別な呼吸や集中力は必要なく、自分が気を意識するだけでいいのです。いったん気をコネクトすれば、あとは気が自然に働いてくれるのですから。

体外離脱体験がもたらす感動

これまで佐藤式気功を通じて体外離脱したことのある人は、内容や程度の差はありますが約300人ほどおり、受療者全体の約5％の方々が体験していることになります。

それぞれの体外離脱体験について、その内容は一人ひとり個性があり、見えるビジョンも異なります。ただ興味深いのは、体験者の話に一貫する共通イメージが認められることです。共通のイメージを総合すると、次のようなものになります。

一つは、体外離脱が起きる前にかならずトンネルのようなイメージが出現し、自分がそのトンネルの中に入っていく感覚になることです。このトンネルを私は「第一トンネル」と呼んでいます。

この第一トンネルを通過すると、壮大な宇宙や大自然の中にいる自分に気づき、またその時トンネルの全体像を見る場合もあります。体験者の話として見えたビジョンは多岐にわたっています。

たとえば、天の川銀河に遭遇する、深い宇宙の内奥に入り銀河集団や泡宇宙の全体像を見る、過去に遡って歴史を探訪、体の中に入って様々な臓器や器官、細胞などをかいまみる、過去の旅行中の自分に遭遇、地球上の大自然を上空からリアルに鳥瞰するなど……。

第一トンネルを通過した後に、既存の宇宙や大自然の空間に第二トンネルが出現します。このビジョンは臨死体験者の証言と酷似しています。この「第二トンネル」を通過すると、第一トンネル通過後の宇宙よりさらに精神的で深遠な感覚を受けます。自己の内面を映し出す世界として捉える人もいます。体験者の中には、自分の魂の鼓動とともに、微細で深遠な宇宙の振動を感じるといいます。そこで宇宙の本質と一体となる「ほんとうの自分」を発見するわけです。

このような体験は究極の自己発見であり、宗教者や修行者の到達する解脱《げだつ》あるいは悟りの状態に限りなく近いのではないかと思われます。ただし、そこに至る過程としては難しいことは何もなく、信じられないほどのシンプルさがあるだけなのです。

サムシング・グレートとの遭遇

私たちはよく、「ほんとうの自分」とか、「もう一人の自分」とかいう言葉を使います。

これは心の中の無意識の領域であり、もう一人の自分とは、佐藤式気功では意識体、すなわち「たましい」のことを指してます。

さらに意識体の内奥にあるのが、サムシング・グレートの意識の部分であり、サムシング・グレートの意識それ自体が、ほんとうの自分の根源であると考えています。

ほんとうの自分を実感することはふだんの生活では難しいかもしれませんが、佐藤式気功を通してこのサムシング・グレートの意識と一体化したとき、そのことを誰もが実感できるのではないでしょうか。

「内界の扉」が開くほんとうの意味とは

人の一生の中で、「内界の扉」は基本的に二度だけ開くようにプログラミングされていると私は考えています。その二回とは、誕生時と死亡時です。

これはあくまで私の仮説ではありますが、人があの世からこの世に生まれてくるとき、内界の扉が開き、意識体（たましい）がその中に過去世の記憶と中間世の記憶を持ちながら、自分の肉体に宿ってきます。特に自分の計画に基づいて過去世の記憶の一部を肉体に情報として注入します。これが過去世情報となり、この世の情報と混ざりながら意識化されます。

この世（外界）には物質と気があります。気には収縮気と拡大気があり、収縮気はいわば肉体に順応し、積極的に生きる気の力を発揮します。拡大気は副交感神経に作用し、意識を肉体から解放させ、さらなる高次元に運んでくれる気の力を発揮します。

人が寿命を終えるときは、外界の収縮気と拡大気の力が衰退していくに従い、内界の扉が開き、内界の収縮気と拡大気が自分の意識体や肉体に入ってきます。そして、肉体から意識体が完全に離脱したときに、内界の扉が閉じます。こうして繰り返しているのが、一般的に言われている「輪廻転生」ではないでしょうか。

しかし、この世に対する執着やこだわりが強すぎるなどの何らかの原因により、内界の扉が開かず、あの世へ旅立つことができない意識体もいます。そのときは内界の扉を閉じたまま外界のわずかな収縮気と拡大気を受けて、意識体＝たましいがこの世に留まってしまうことになります。

こうした話は、みなさんにとっては理解しがたいことかもしれません。それも当然でしょう。しかし、このように考えないと理解できないことが多々あるのです。３００人近い体外離脱体験者による証言も参考にした上でお話しています。

Spiritual Map　いのちの地図

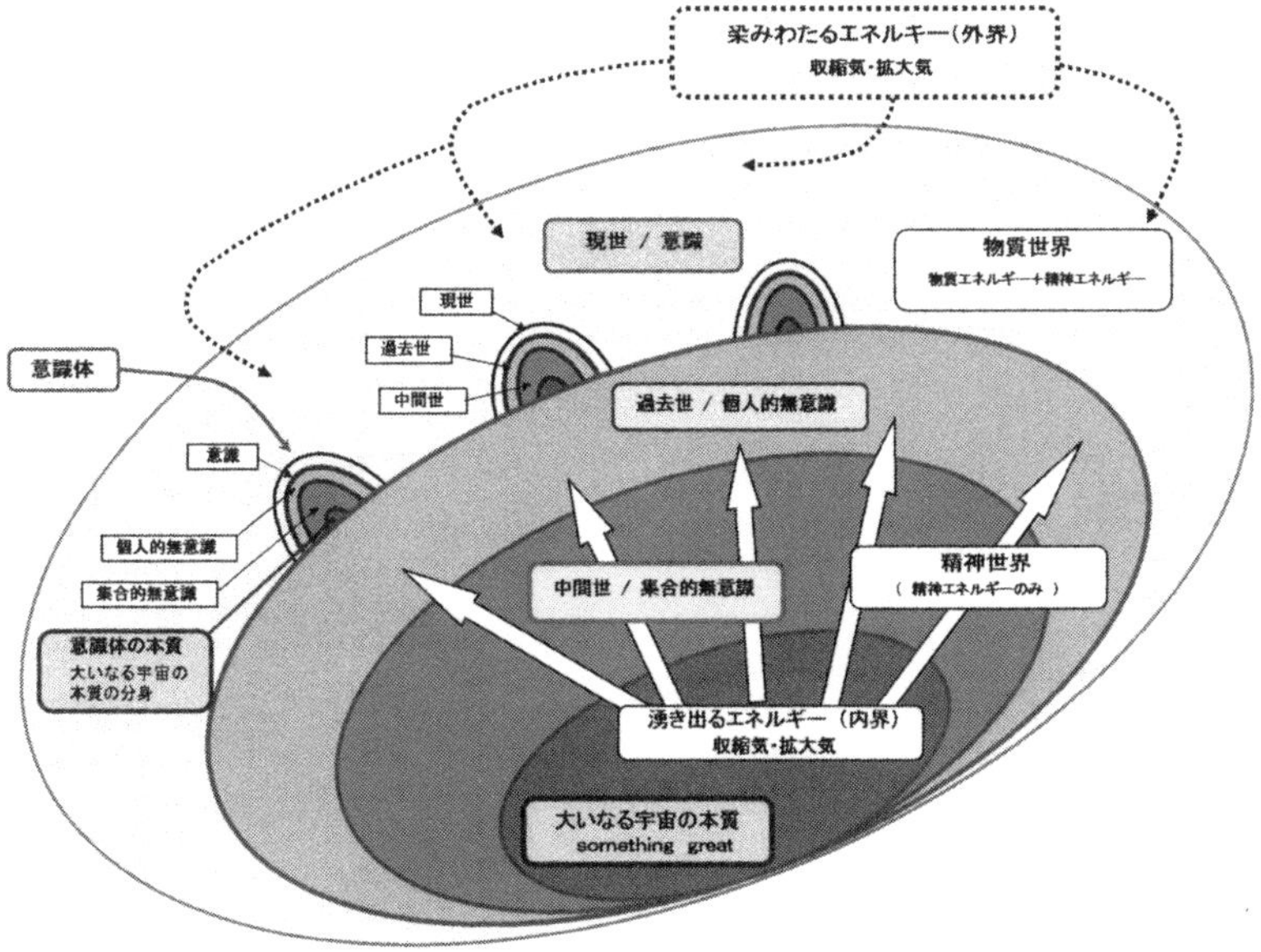

佐藤式気功が広まっていくと世界は変わる⁉

佐藤式気功は内界の扉を開けることができる気功です。

これまで、内界の気のエネルギーは一生に二度しか体験することができないのが問題だったのですが、佐藤式気功を意識することにより内界の扉が開放され、内界の収縮気と拡大気を体内に呼び込むことができるようになったのです。

いずれにしろ、佐藤式気功を受療された方が体や心が健康になるだけではなく、人生も好転していく様子をみると、内界の扉が開くことは、とても大きなメカニズムが働いているのだと思います。

私たちが住んでいる地球とサムシング・グレートの間には壮大な「気の循環システム」が働いています。しかし、残念ながら地球の気の重心が上がってしまい、現在は地球循環システムが徐々に崩れ始めているようです。自然界では天然物より加工物があふれ、それが人体に悪影響を与えています。

人と人、人と物との間の気の循環が悪くなった結果、人と人、人と物の間にストレスが生じ、そのストレスが連鎖反応のように広がっています。国内中で起きているニート・引きこもり・自殺や数々の痛ましい事件など……、これらは一人ひとりの気の重心が上がってしまったことによる社会現象ではないでしょうか。

この世界を正常化するには、新たにエネルギーを外界に注ぎ込むことです。それはまさに内界から湧き出る気を呼び込むことであり、それを外界に解き放つことによって、地球は徐々に正常化していくと私は考えています。

佐藤式気功は外界の収縮気と拡大気を受けながらも、内界の収縮気と拡大気を受けることができます。そうすると内界から湧き出た気が、外界に湧き出て、それにより外界が浄化され、浄化された外界の気がまた体内に入ってくることになります。

内界から外界へ、さらに外界から内界へ。二つの世界の間を自在に行き来し、世界を浄化する「気」。佐藤式気功の気のコントロールはそれを可能にします。

⑩どんなに離れていても気が届く、遠隔気功の不思議

自分の都合にあわせて「遠隔気功」を利用する

佐藤式気功を受ける方法には、「対面式外気功」の他に、もう一つ「遠隔気功」という方法があります。

遠くて直接には佐藤気功センター（東京都日野市）を訪ねて来られない方のために、遠隔で気功を行なっているのですが、遠隔送気の場所は距離に関係なくどこにでも送ることができます。

佐藤式気功では、東北学院大学、東京工業大学、日本医科大学との遠隔気功に関する共同実験を行ない、遠隔で気を送ると、離れた所にいる受け手のアドレナリンやノルアドレナリン、コルチゾールが減少することも確認されました。これらはストレス時に対応する内分泌ホルモンであるので、遠隔気功がストレスを緩和し、リラックス効果や熟睡効果、

免疫力の向上などの効果をもたらしていることは明らかです。

対面式外気功は、気功師と受療者とのコミュニケーションがとりやすいという良さがありますが、遠隔気功には、仕事中でも睡眠中でも旅行中でも自分の都合に合わせて気功を活用できる便利さがあります。対面式外気功を重ね、気功に対する感受性が高まってくれば、遠隔気功でも対面式と同じか、それ以上の効果が望めます。

世界を舞台に活動する方が多くなってきたせいか、ニューヨークやミラノなど海外出張や海外旅行中に遠隔気功を利用する方も増えてきました。経験者によれば、出張中の緊張からくるストレス症状が緩和されたとか、ぐっすり眠れたという感想が多いようです。

フランスのルルドの泉を訪ねる旅に出発したA・Tさんもその一人です。病弱な体質のため、無事に旅行を乗り切れるか心配していましたが、毎日決まった時間に遠隔気功を受けながら、リヨンやパリなどの旅を続けることにしたそうです。そして、その間に化膿していた歯茎の腫れがひき、体力も回復していったとの報告を受けました。結局A・Tさんは持参していた抗生物質を使うようなこともなく、元気に旅行が続けられたことで、健康に自信を取り戻され、健康のありがたさを感じたということです。

ベッドに寝たきりの人、引きこもりの人にも可能な遠隔気功

介護を必要とする寝たきりの方や、介護する側のご家族にも家に居ながらにしてリラックスしてもらえるので、遠隔気功は好評です。

ひきこもりの青少年にも、遠隔気功という方法であれば、心を解放させるきっかけとして有効ではないかと思います。ひきこもりの原因を一概にいうことは難しいのですが、たとえば過度のストレスを受けたような場合は、交感神経緊張状態であることが考えられます。あるいは、一般的に不規則でメリハリのない生活パターンや運動不足などに陥っている人は、副交感神経過剰の状態であることが多いようです。

いずれにしても、気の働きにより過度な自律神経の緊張を解き、バランスを整えていくことで、リラックスと適度な気力の充実を図ることが可能となります。

交感神経過剰状態による便秘や体調不良、副交感神経過剰によるアレルギー症状なども、交感神経と副交感神経をバランスよく活性化することで症状が軽くなっていくはずです。

代行者を中継して気が送られる？

通常、遠隔気功を受けるためには、対面式外気功を3回以上受療する必要があります。でも、何らかの理由で、直接対面式外気功を受療できない場合もあるでしょう。そんなとき佐藤式気功では、少し変わった方法だと思われるかもしれませんが、次のような方法を取っています。

まず、受療者の親族または最も親しい方に「代行」して気功を直接受けていただきます。代行者は気功を受療したあと、受療者に気功の特徴を説明してもらうことにしています。その上で、次からはその方を中継して受療者は遠隔気功を受けることができます。

このようなステップで一度「気のつながり」

を持てば、あとは自然に気が働いてくれるのです。そうなると、施療者と代行者の両方から遠隔を受けることになりますので、十分な効果が期待できます。

2章
免疫力を高めて心と体を癒す

佐藤式気功は、優れた免疫治療法である
自律神経免疫療法を取り入れた気功法。
心や身体のさまざまな症状の改善をもたらします。
その癒しのメカニズムを解き明かします。

❶ 誰でも自分の気で自分を治すことができる

心と身体はひとつ

日々の施術を通して、つくづく「心と身体は一つ」のものであると感じます。

心のストレスが身体を蝕み、病気を引き起こしている例をこれまで数多く見てきました。心が癒されると身体にも力が満ちてくるし、身体が癒されると心にも元気がわいてくることもよく知っています。

心と身体は表裏一体の関係ですから、二つのバランスが崩れると身体にも心にもそれぞれ不調をきたすようになります。心身ともに余裕がなくなり、人間性、人間らしさが欠けてくることで、それは外からでもわかるのではないでしょうか。

気功的な表現をすれば、物質である身体に気という非物質が宿り、双方に関係性を持つと私は考えています。

心理学では心という場合、意識と無意識に分けていますが、これに気の考えを対応させると、意識と無意識は収縮気と拡大気の働きに類似してます。

一方、生理学的に身体の基本となるものは自律神経ということになりますが、これは交感神経と副交感神経の働きから成っています。そして、収縮気が交感神経に作用し、拡大気が副交感神経に作用することから、気の働きは、心と身体のバランスの調節に深く関係していると思われます。

つまり、佐藤式気功では、収縮気と拡大気のコントロールによって自律神経系を整えることで、病気の元となる部分に働きかけて調整します。それは、心と身体の調和をはかることに他なりません。

「心と身体とたましい」が一体となった養生を

もう一つ忘れてはならないことは、たましいのことです。佐藤式気功では、たましいのことを意識体という言葉で表しています。

心・身体そして意識体（たましい）、この三つが、命ある人間を構成する要素です。

人は生命ある限り、心と身体とたましいが一つの要素も欠けることなく、三位一体となって関係し合っています。ですから、この三つの関係のバランスがうまくとれていれば、私たちは幸せに輝いていられるのです。

とはいえ、心や身体を整えることは一般に理解しやすいのですが、たましいの場合はどう向き合えばいいのでしょうか。

その答えとしては、まずは身体と心の調和をはかること。それが意識体との調和にも繋がると私は理解しています。

佐藤式気功は自分の内側から湧き出る気を利用し、身心を最高の状態に導きます。その過程は、まさに心と身体とたましいが一体となって相互に関係しあって癒されていく過程でもあるのです。

ところで、私の元には、過去にスピリチュアル系のカウンセリングを受けたり、精神世界の本を読んでから来られる方が半数以上を占めています。その方々のお話では、カウンセリングや本は確かに心の励みになったり支えになったりはするけれど、実際の体の病気や自覚症状がとれなかったということが少なからずあるようです。そういう方々は切実な症状を抱えているので、現実的に症状が改善しないことには、ほんとうの解決にはならないと思います。そこで佐藤式気功は、できるだけ実際的な解決法としての期待に応えたいと考えています。

佐藤式気功はスピリチュアル気功といわれますが、スピリチュアルカウンセリングとの大きな違いは、「身体・心・たましい」が一体となった養生を目指していることです。「スピリチュアル」は現実離れした別次元の存在ではなく、むしろ健康という現実の中に取り込まれる存在として、気軽に活用できる健康法にしたいと思っています。

自分の気を養い、病気を遠ざける身体になる

基本的に、佐藤式気功は自分の内界から湧き出る気を利用して、自分の身体を自ら調整する気功です。

すなわち、誰もが自分の気で自分を治すことが可能になるということです。

もちろん、気のパワーが高まるにつれて、病気回復の他に自己啓発能力も高まり、さまざまな問題を自ら解決できる能力やパワーが、体の中から湧いてくるようになります。

ここで何より大切なことは、自分の力で問題解決ができるようになることです。同時に、自分の身体の不調や変化の信号にも感度が高まりますので、自分の身体の声に素直に従い、早めに対処できるようになるでしょう。

精神的に落ち込んだり、ストレスを抱えてしまった時でも、自分の中に内在する気のパ

ワーを自在に呼び出せばいいのです。知恵と洞察力が湧いてきて、最善の方法がみつかるのではないでしょうか。そうした自分自身の力を、佐藤式気功法を身につけることで養ってほしいと願っています。

❷ 生物が生きようとする力が「免疫力」

自律神経の働きを強力サポートする佐藤式気功

私たちの体には「免疫」と呼ばれる自己防御システムが備わり、ウイルスや細菌、がん細胞などの攻撃から体を守っています。

そして、ほとんどの病気の原因は、自律神経の乱れによる免疫力の低下にあるといわれています。

免疫力とは、身体が本来持っている病気に打ち克とうとする力。いわば「生きる力」そのものです。その力の中身とは血液成分の中の白血球のことで、「免疫細胞」とも呼ばれています。この免役細胞は、「リンパ球」「顆粒球」「マクロファージ」の三つに大きく分類されます。

この白血球が自律神経の支配を受けていること（白血球の自律神経支配の法則）を共同研究者の福田稔先生とともに発見したのが、新潟大学大学院の安保徹教授です。また、おふたりは「自律神経免疫療法」という、患者さんの自然治癒力（免疫力）を高めて、ガンをはじめとする病気を打ち負かす免疫療法も提唱されています。

安保先生は以前に、佐藤式気功の気の働きは自律神経の働きと大変似ていることを指摘されました。たしかに佐藤式気功は、自律神経の働きをコントロールして身体の調整をする気功ですので、まさにこの気功は、自律神経免疫療法の気功版といえるかもしれません。

自律神経がこわれるとどういう症状がでるのか

自律神経には正反対の働きをする交感神経と副交感神経があり、シーソーのように拮抗し合って働いています。

交感神経と副交感神経の働きは次のようになります。

交感神経は、主に昼間の活動時やスポーツを行なう時などに優位に働く神経です。心臓の拍動を高め、血管を収縮させて血圧を上げ、消化管の働きを止めて、人間が活動しやすい状態に体調を整えます。

副交感神経は、休息時や食事をするときなどに優位に働く神経です。心臓の動きや呼吸を緩やかにし、血管を拡張して血流を促し、心身をリラックスモードに整えます。副交感神経が優位になると、消化液の分泌や排便が促進されます。

では、自律神経が乱れると、私たちの身体の中でどういう弊害が起こるのでしょうか。興奮状態やストレスなどで、交感神経が過度に緊張する状態が続くと、神経末端からノルアドレナリンが多量放出され、血圧が高くなったり血管が収縮して全身の血液循環が悪化し、その結果、低体温になります。顆粒球から多量の活性酸素が放出されるので、粘膜を傷つけ組織に炎症を引き起こし、さまざまな病気を引き起こす原因となります。

さらに、内分泌系では、副腎皮質ホルモン（コルチゾール）が多量に分泌され、リンパ球の働きを強力に抑制し、免疫力を低下させます。副腎髄質ホルモン（アドレナリン）が多量に放出され、交感神経の緊張にさらに拍車がかかってしまいます。

本来はウイルスや細菌を排除するはずのリンパ球が過剰に増えて、副交感神経が過度に緊張すると、血流障害、血圧低下が起こり、低体温、免疫力の低下が引き起こされます。またアセチルコリンの分泌が盛んになるので、アトピー性皮膚炎、花粉症など、アレルギー性疾患や自己免疫疾患（膠原病など）の発症を招きます。さらには、知覚過敏や下痢や骨粗鬆症、排泄の亢進などが起こります。また、脳内のアドレナリンの放出減少により、うつ病に陥りやすくなります。

さて、以上のような症状を招かないようにするにはどうすればいいのかというと、自律神経のバランスを整え、免疫力を高い状態に保つ必要があるということになります。

下丹田タイプと中丹田タイプのなりやすい病気とは

前述の「福田—安保理論」によれば、血液を調べると、白血球のうちで顆粒球比率が高いかリンパ球比率が高いかで、人間は交感神経優位型の「顆粒球人間」と、副交感神経優位型の「リンパ球人間」という二つのタイプに分類することができるそうです。

この二つは、肉体的にも性格的にも相反する特徴があり、その分類は佐藤式気功でいうと、それぞれ「下丹田タイプ」と「中丹田タイプ」に当てはまります。

下丹田タイプは、体力がありストレスに強いのですが、このタイプは肉体的にも精神的にも感受性に欠ける傾向があるため、病気に気づくことが遅く、重い身体の病気であるガンや虚血性心疾患（心臓の器質的病気）、脳血管障害（脳の器質的病気）になりやすいと

リンパ球人間
(中丹田タイプ)
夜・休息の副交感神経優位

色白・ぽっちゃり型
リンパ球40%

性格=いつもニコニコ/のんびりしている/ストレスに強い/持久力がある/長生きする/うつ状態に近い
体質=下痢/アレルギー体質

顆粒球人間
(下丹田タイプ)
昼・活動の交感神経優位

色黒・やせ型(過度な肥満)
顆粒球70%

性格=シャキッとしている/活動的/しかめっ面/怒りっぽい/脈が速い/躁状態に近い/活性酸素が多い/性格が強い
体質=便秘/胃潰瘍/ガン体質

いう傾向があります。

中丹田タイプは、とてもやさしい性格でいたわりの心をもつ反面、体力が乏しくストレスに弱い面があります。そのため、軽微な病気でもこだわりすぎて、自分を責めてしまう傾向があります。精神的ストレスが原因で、心身症（胃潰瘍・十二指腸潰瘍・気管支喘息・アトピー性皮膚炎など）や、神経症（不安神経症・強迫神経症など）、あるいは、うつ病（心因性うつ病）、さらには自己免疫疾患になる傾向が強いと思われます。

どうしてガンは転移するのだろう

そもそもガンはどうして起きるのかというと、交感神経の過度の緊張および顆粒球の過度の働きによるものが大きいといわれます。そして、ガンの転移とは、リンパ球によって攻撃されたガン細胞が体内に散らばって生き延びようとしている状態とも解釈できます。

交感神経緊張状態が続く体内ではリンパ球の働きが鈍り、ストレスによるガン細胞の増加にも処理が追いつかず、発ガンにつながってしまいます。つまり、極度の肉体疲労や精神疲労が発ガンの主な原因と考えています。

とくに社会の複雑化、情報の高度化に伴い、精神疲労の程度や内容が、年々深刻で複雑なものになっているような気がしてなりません。その結果として、さまざまな重い病気を引き起こしています。

西洋医学ではガンの早期発見を推進するために、ガンの定期検査を積極的に薦めています。仮に早期発見で初期ガン（ステージⅠ、Ⅱ）が見つかり、手術をしたとします。しかし、これでもう本当に安心できるものでしょうか。

当センターに来られる末期ガンの人の多くは、初期ガンの術後に仕事に復帰し、再び精神疲労が重なり、ガンが転移した後に末期ガンに至ることが多いようです。

こうしたケースを見ていて思うのは、誰でも術後に肉体的負担は意識的に減らすものの、精神的ストレスは容易には減らせないという現実があることです。複雑化した現代社会の中では、特に人間関係がうまくいかない場合が多く、それがストレスとなってガンの再発につながるものと思われます。

交感神経系の過度の緊張が続くことが、ガンの再発やさまざまな病気の原因だとしたら、そのようなストレス状況から脱却しなければ真の健康な生活は望めません。各人の事情によりストレスの元を断つことは難しいかもしれませんが、それならば自分自身がストレスに対処する術を身につければいいのではないでしょうか。

現代の複雑社会を乗り切るためには、いかに「深くリラックスして疲れをとるテクニック」をもっているか否かに尽きる、といっても過言ではありません。

佐藤式気功の場合、複数の大学との共同研究により、気功の施術直後にストレスホルモンが抑制され、免疫力が向上したことが確認されています（脳内の海馬や扁桃体周辺の脳血流の上昇、ノルアドレナリン・コルチゾールが有意に減少し、リラックス効果が高まり、NK細胞が活性化したなど）。佐藤式気功を身につけることも、ストレス社会で生き残るサバイバル・テクニックの一つとなると思います。

❸ 生命力を低下させたままでは、病気はよくならない

生命力を60％から100％へ限りなく近づける

私たち人間の身体はとてもうまく出来ていると思います。それは、過度のストレスを受け続けると副交感神経が働き、「疲れ反応」とか「自然治癒力反応」と呼ばれる反応が起きます。身体に危険信号を送り、休養を促すよう気づかせてくれるわけです。

類似した反応としては、痛みの反応、痺《しび》れの反応、だるさの反応など、いわゆる不快な反応もあります。

このように副交感神経は、ひとつの特徴として「気づきの反応」を起こす神経だと思います。気づきの反応としてさらに見ていくと、風邪を引いて熱を出すのも、炎症が現れるのも、ガンが発症するのも、あるいは、躁うつ病やパニック障害なども、同じ気づきの反応としてとらえることができます。

このような生体反応は、佐藤式気功では、生命力が30％以下に低下し、気の重心が頭に上がった時の反応と理解しています。

ところが一般的な治療においては、気づきの反応であるさまざまな自覚症状や炎症などは抑えることに重きをおき、鎮痛剤や抗炎症剤をためらいなく使用します。いわゆる対症療法で不快反応を解消するという考え方です。

しかしこれでは、その時の生命力は低下したままで、不快反応をマヒさせてしまうだけのことではないでしょうか。多くの人は生命力が30％以下に低下しても、それに気づかず、ただ対症療法を行なおうとします。これは一時しのぎであり、病気の根本治療には至りません。自らの自然治癒力・免疫力を高める必要があると思います。

ただ、ここで問題なのは、病気で弱った人たちの自然治癒力が、その時点でどのくらいあるかということです。

佐藤式気功でいう自然治癒力とは、生命力80％以上で、かつデジタルモードの休眠・休息モードを出せるレベルということです。生命力が低下したままの休眠・休息モードでは、ガマンの限界を感じ、ついつい対症療法を使用してしまうことになるのです。

そこで私は、まずは身体の治る力を信じ、自然治癒力を高めるために生命力を上げることが先決だと考えています。ですから佐藤式気功では、副交感神経を優位にしながら、生命力を60％～80％以上に上げることを当初の目標にしています。そして、徐々に、生命力100％の宇宙の中心に重心が定まるレベルにまで高めていけばいいと思います。

日頃、生命力が80％以上ある人が一時的に60％以下に低下すると、すぐに不快感を感じます。その場合、自己トレを実施すると、約1分間で80％以上に高まり（気の重心が足裏より下の状態）、不快感が解消し、心身ともに安定感を感じるといいます。まさに、疲れ反応が現れた後、短時間で自然治癒力が高まった結果といえます。

病気から脱却できる人・できない人

安保先生の著書『病は気からの免疫学』（講談社）に、興味深い一節がありました。実際に病気を治した人たちの感想の中には真の治療法が隠されているということで、それらを箇条書きにしてありました。それらは私の常々感じていることと重なる部分が多く、示唆に富んでいますので、ぜひここで紹介したいと思います。

①病気になる前に無理な生き方があったので、生き方を変えた。
②がんばりすぎや他人に気を遣いすぎることがあったので、心の持ち方を変えた。
③玄米菜食を中心にした食事に変えた。
④生きていることに感謝するようになった。
⑤病気が治ってから、病気になってよかったと思えるようになった。
⑥ごう慢な性格が直った。
⑦植物や虫も生き物であることに気がつきだした。自然の美しさや厳しさに感動するようになった。
⑧他人に対する思いやりの気持ちができた。前向きで明るい性格になった。
⑨恨んだり、怒りの感情がわいてこなくなった。
⑩からだを動かして気持ちよく生きることが大切だとわかった。

病気は人の性格や生き方も変えるといいます。一方で、病気を克服することができるか否かは、病気と向かい合う態度次第のところがあるのではないでしょうか。その意味で、大病と向き合い、究極の状況から生還した人の言葉は、生き方としても参考になる重みがあるような気がします。

筋トレより「睡眠」が効く

「一日中仕事をしたあとの筋トレはいいのでしょうか？」と、以前に受療された方から聞かれたことがありました。

結論からいうと、「やってもいいけど、もっといい方法は睡眠をとることです」という答えになります。

人間の身体は、交感神経系と副交感神経系の二つの系統で生命を維持しているといわれています。そのうち、仕事をしている時はたいてい交感神経を使っています。身体を動かしている時、思考が働いている時、目を使っている時、これらすべて交感神経系の働きです。

それで、交感神経系で日中めいっぱいエネルギーを使えば、夜は副交感神経系でリラックスしたり、熟睡することで自律神経のバランスが働くように身体はできています。

しかし現状は、夜になってもインターネットを行なったり、スポーツジムでトレーニングをしたりして、副交感神経系にスイッチがなかなか入りません。仕事から帰った後パソコンで目を酷使することは、交感神経系緊張の継続となります。

このような理由から、一日の仕事の疲れを完全にとるために筋トレのようなやり方でいいかというと、疑問ではあります。それよりも、昔から疲れをとるのに一番効果のある方法は、「熟睡すること」といわれてきました。交感神経が働いていた仕事の時間の後は、むしろ副交感神経系を優位にする行動をとることがストレス解消もでき、完全に疲れがとれる方法なのではないでしょうか。

ストレス解消のために筋トレを行ないたいという方がいるのも理解できますので、仕事の後で筋トレやスポーツをやる場合は、しっかり疲れをとる方法を併用しながら行なうことが理想だと思います。

冷え性を治せば元気人間になれる

体温を上げることで免疫力が高まり、病気の治癒効果も高まることが明らかになっています。

逆にいえば、低体温はさまざまな病気を招いてしまいますので、冷え性を甘く見て放置しておくのはよくありません。

佐藤式気功の内界の気は、意識の深い所から浅い所に湧き上がってくるので、身体の芯がすぐに温まります。

佐藤式気功を受けた後に足湯をした人が、1分間ほどで「膝」の所まで肌に赤みがさしたという報告があります。体温が34℃〜35℃の低体温体質の人が、気功後に0.5℃〜1.5℃体温が上昇したという報告もあります。

ユニークなのは、お風呂好きの人が入浴中に自己トレを行なったら、体内から湧いてくる「頭寒足熱」を感じ、豪華な温泉に入っているような気分が味わえたといいます。

ふだんから極度な冷えを感じ、30分以上入浴しても身体が温まらないような冷え症の人は、ぜひ佐藤式気功を試してください。

❹ 佐藤式気功は「熟睡できる気功」

「不眠」は病気のはじまりのサイン

２００６年６月８日の毎日新聞朝刊の記事によると、内山真・日本大学医学部教授（精神医学）がまとめた試算では「不眠症や睡眠不足によって日本国内で生じる経済損失は年約３兆５０００億円」にも上るそうです。

別の角度からみれば、不眠症を治せる健康法や睡眠不足を解消する商品が出現すれば、数兆円ビジネスに発展するともいえます。それだけ不眠は深刻な社会問題になっているといえるでしょう。

不眠は作業能率の低下を招き、欠勤や遅刻などで会社に損失を及ぼし、交通事故も起こしやすく危険です。内山教授は「睡眠の問題は意思の力で対処できるものではない。無理をしすぎないことが必要だ」と話しています。

成人の3割近くが睡眠に問題をかかえているという調査結果もあるそうですが、これまで当センターに来られた方々の自覚症状をみても、不眠とか、眠りの浅さを訴える方がほとんどです。

仕事などで目を酷使したり、ストレスによる不必要な思考の働かせすぎ、我慢の限度を超えるストレスなどによる視床下部の機能低下が起こると、不眠症をはじめ、身体や精神の不調がはじまることが多いのです。不眠症が続くとその結果、さらに自律神経・ホルモン・免疫系のバランスを崩してしまうようです。

不眠は病気のはじまりのサインともなる見逃せない症状です。不眠がひどくなる前に、早めに改善策に取り組みましょう。

視床下部と不眠症の関係

佐藤式気功では、後頭部の視床下部のあたりから気をコネクトすると、ほとんどの受療者はとても気持ちがよく、深いリラックス感があるといいます。そして、不眠症の方からも、気功施療後ぐっすり眠れるようになったとの報告をよく聞きます。

逆に視床下部まで気の重心が上がってしまっている場合には、身体や精神に不調を訴える方が多いのです。このことから、私は視床下部と睡眠との深いつながりに以前から着目していました。

間脳にある視床下部は自律神経を管理する器官であり、五感や思考回路から入ってくる情報の善し悪しを取捨選択し、その情報が生体の自律神経系、内分泌系、免疫系へと伝達されるといいます。しかし、情報の取捨選択がスムーズにいかないと、各系ともにバランスが崩れて不快な自覚症状や病気へと発展するようです。

とくに、五感の中でも視覚から得られる情報は70％にもなるといわれますが、目を酷使することは目そのものを疲れさせるだけではなく、体全体に悪影響を与えるのです。

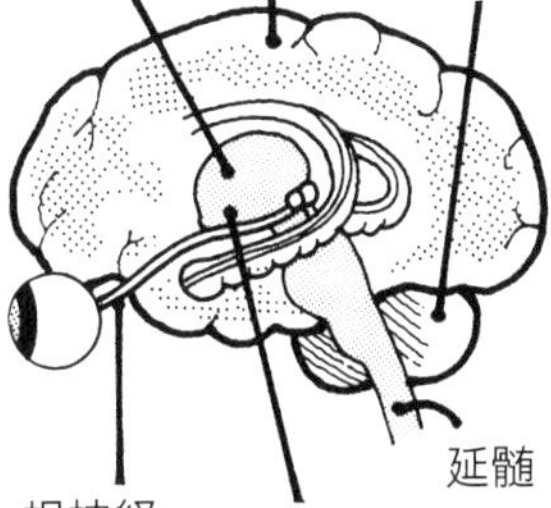

さらに、視床下部は美容にも影響していることがわかってきました。視床下部の働きを活性化するために、最近ではアロマなどが用いられることもあるようです。

そうした間接的な刺激もいいでしょうが、佐藤式気功は視床下部に直接的に働きかけることができるので、それだけ効果も高くなります。

「おやすみモード」でどこでも5分間仮眠

世の中にはどこでも仮眠できる人がいるようです。そういう人たちに健康状態を聞いてみると、あまりストレスを感じたことがなく、「いつも元気」といいます。

ストレスをいっぱいに受け、心身ともに不調を訴えている人たちにとってはうらやましい限りです。なぜ彼らは元気でいられるのでしょう。それは、彼らがどこでも仮眠できるために、疲れが残らないことと関係しているのかも知れません。

佐藤式気功には、睡眠時の脳波を示す「おやすみモード」があります。デジタルモードの一つで、気の重心が「足裏」以下に下がると睡眠効果を発揮します。

おやすみモードを活用している人たちは、どこでも「おやすみモード」と心の中でいうと、急速にまぶたが重くなり、深い眠りに入ることができます。3分くらい眠るだけで、身体が軽くなるといいます。

ぜひ多くの人にこのお休みモードを身につけてもらいたいと思います。そのためには対面式外気功を5回受療し、気の重心が「足裏」に下がる必要があります。

それでも一度身につければ、みなさんの特技になることは間違いありません。

佐藤式気功は熟睡効果の高い気功法

もともと佐藤式気功は、とても熟睡効果の高い気功だといえます。佐藤式気功には内界から湧いてくる収縮気と拡大気があり、中でも拡大気のリラックスさせる働きにより熟睡がもたらされます。

すなわち収縮気は身体のエネルギー代謝を高め体力を増進し、精神的にはやる気を起こし積極的な気持ちにさせます。その一方で、拡大気は身体のエネルギー代謝を抑え、極力基礎代謝まで下げます。そのことによって熟睡効果が高まり、一日の体の疲れを取ってくれます。精神的にも安らぎに満ちた穏やかな気持ちになります。

現代の病気に対しては、エネルギー代謝を抑え、いったん身体と脳を休眠させて充分に体と精神を開放させることで、結果的に自然治癒力を高めることができると考えています。

しかも、佐藤式気功の優れている点としては、穏やかな方法で身体のエネルギー代謝を高めたり抑えたりできることです。

❺ なぜ余裕のパフォーマンスが可能になるのか

副交感神経優位で深いレベルの癒しへと導く

人間の体は、自律神経、すなわち交感神経系と副交感神経系とのバランスによって成り立っているわけですが、日常レベルでは、活動する身体とリラックスする身体のバランスが必要という言い方ができます。これがどちらかに偏ると体に変調が起きるというのが、従来の考え方です。

ところが、佐藤式気功の場合、従来型とは違う自律神経の働きが見られるのです。

活動する身体のときは脳波がベータ波であるのがふつうですが、佐藤式気功ではアルファ波が現れます。すなわち、活動時も脳波は穏やかなのです。

では、リラックスする身体になるとどうなるかというと、従来のリラックスよりも、もっと程度が深くなるのです。そのときの脳波は、アルファ波、デルター波、シータ波が同時に前頭葉に現れます。そして皮膚温が下がるのも特徴です。

これは、佐藤式気功を始めると、活動する身体においても副交感神経優位の状態がはじまり、リラックスする身体になるとより一層そのリラックス感が深まることを示しています。

一般的に皮膚温の低下は、交感神経が過度に緊張したときに起きるものですが、今回のように深いリラックス状態での皮膚温の低下は、副交感神経が優位に働いていることを物語っています。

黒部市民病院の小児科医、竹谷徳雄先生によれば、「シータ波、デルタ波はまさに寝ている状態。その中に覚醒波のアルファ波が混在するのは非常に興味深い。あれだけしっかりとアルファ波がでているので、自我の中枢、ワーキングメモリ中枢であるブロードマン46が活性化されているのではないかと推測している」との見解を示されました。

ちなみに、従来の気功では前頭葉にアルファ波が測定され、禅僧などによる深い瞑想状態ではシータ波の検出が報告されています。しかし、佐藤式気功の場合のように、この三

●気功を施す前の平常時の脳波

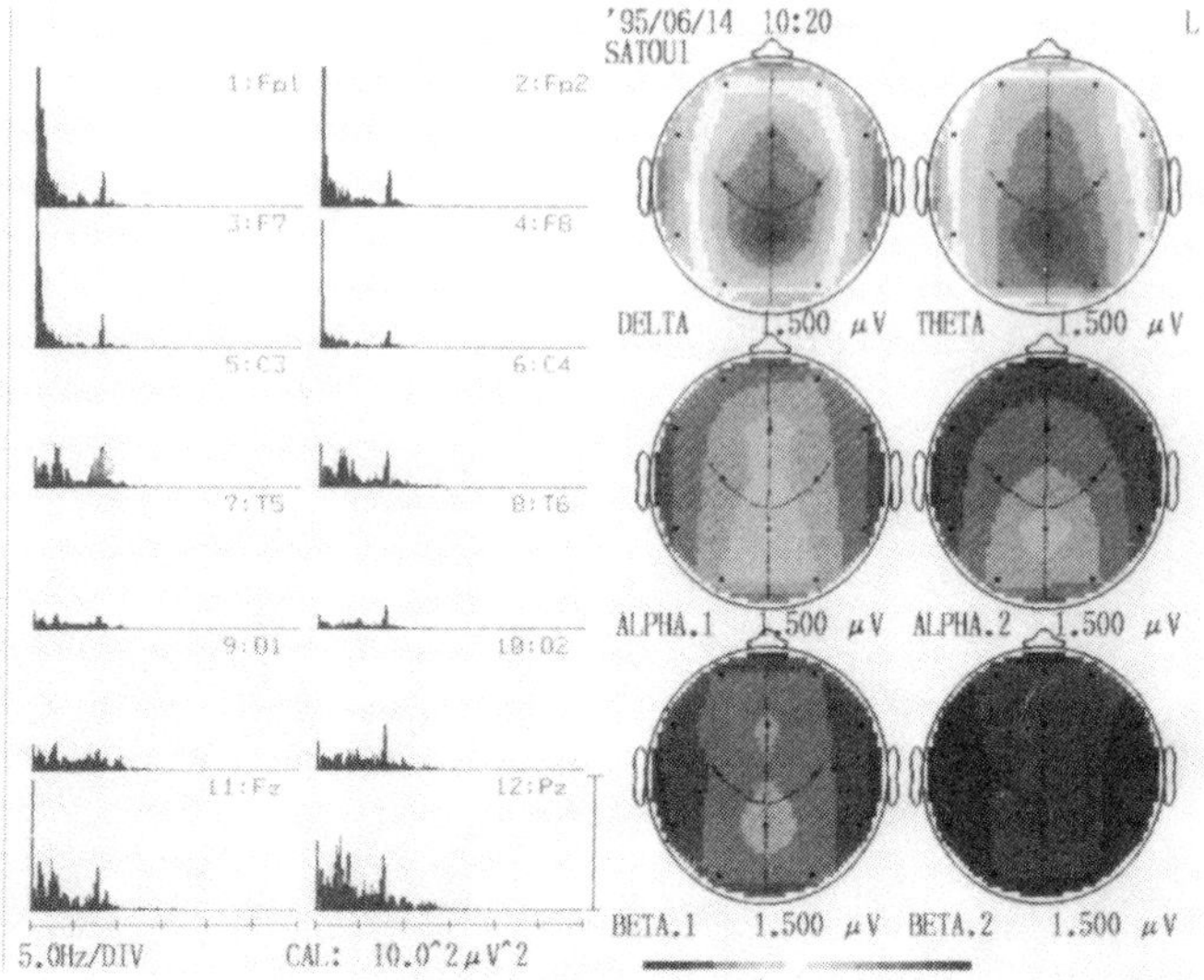

●佐藤式気功を施しリラックスが深まった脳波（気功中～体外離脱時）

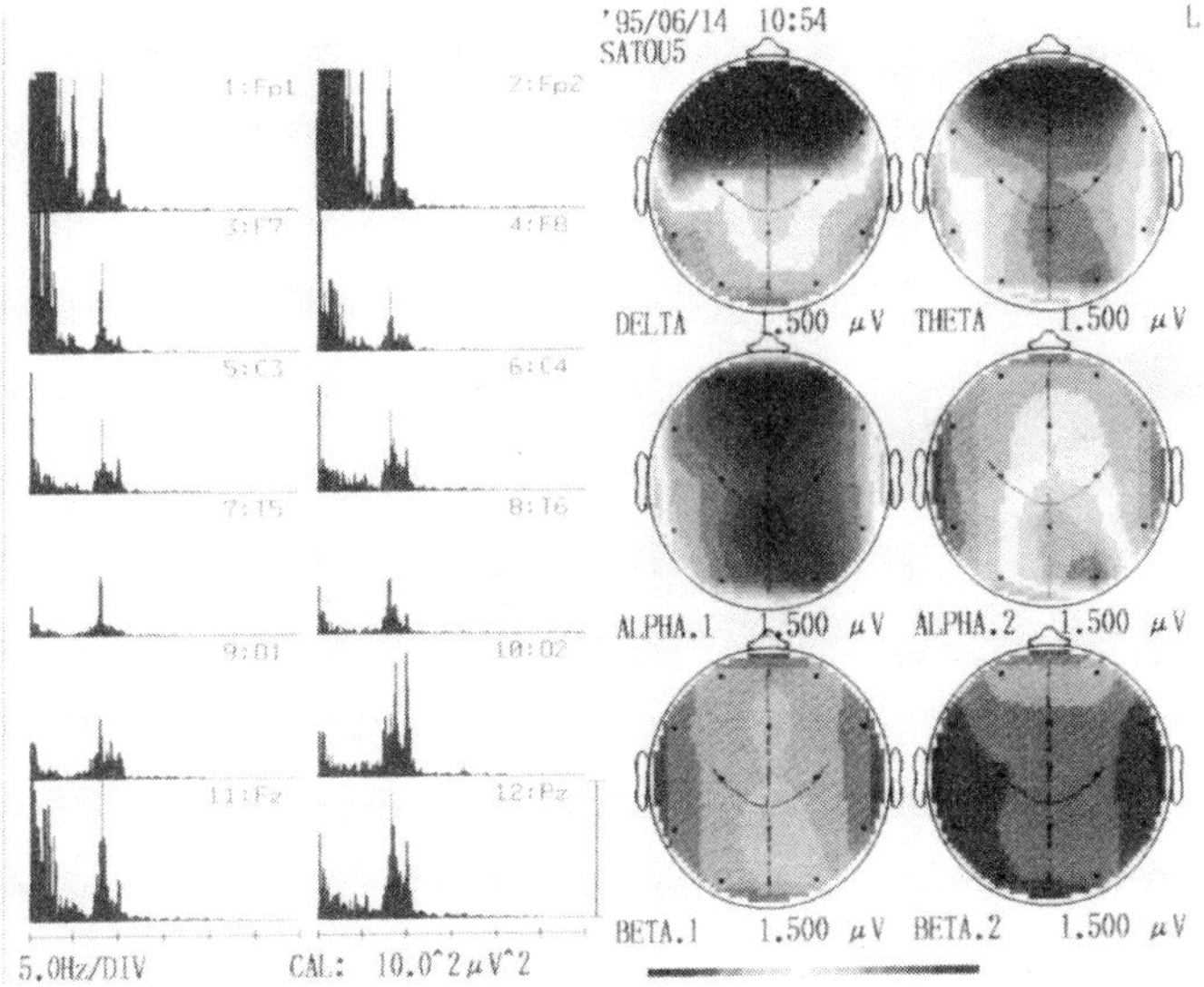

つの脳波が一度に測定されたという事例はありません。

これらのことから、佐藤式気功の気の働きは、副交感神経優位の絶妙なるバランスを保つことで、身体を深いリラックス状態である休眠状態に導き、その間に心と身体を癒していくことが考えられます。

しかも、病気だけでなく、自己啓発や自己実現に向けてもパワーを発揮できるようになるのです。

余裕のパフォーマンスとは何か

収縮気と拡大気の概念を自律神経の働きに導入すると、副交感神経は体内にパワーを取り入れる働きがあり、交感神経はそのパワーを外に出す(パフォーマンスや自己表現など)働きがあることがわかりました。

体の病気や心の病気、実力を発揮できない、アイデアが浮かばないなどは、結局パワーが欠如しているためなのです。パワーを発揮できない原因は、頭、体、目、言葉を司る交感神経の使いすぎ、いわゆるエネルギーの消耗にあります。脳波でいえばベータ波の使いすぎです。

常に気力、体力が充実している人は副交感神経を優位にし、体内にパワーを取り入れながらパフォーマンスをしています。一般的に副交感神経を優位にするとは、たとえば「熟睡できる」、「リラックスしながら仕事ができる」、「楽しく食事ができる」などのことをいいます。しかし、多くの人はなかなかそれができません。

佐藤式気功は、このような人達に気功を行なうことにより、体内にパワーを湧き上がらせ、自分の力を100%発揮できるようにするものです。

具体的には、温かいモードでアルファ波が優位になり、涼しいモードでデルタ波が優位になります。さらには深い瞑想状態になり、気の重心が足裏以下に下がるとアルファ波、シータ波、デルタ波が前頭葉に同時に現れ、このとき体内に絶大なパワーが湧き上がってくるので、余裕のあるパフォーマンスが発揮できることになります。無理にではなく、自然と「やる気」が湧いてくるのです。

自分の体内に100%のパワーがあって、80%の力を発揮したら余裕でメダルがとれたという次元です。実感として信じ難いことかも知れませんが、余裕のあるパフォーマンスとはこのようなことをいいます。

佐藤式気功を進めていくと、収縮気と拡大気を活用することにより、余裕のあるパフォーマンスを発揮できるようになります。リラックスすればするほど、気力と体力が高まることが特徴です。そして、この特徴を生かして、健康と幸せを皆様に提供したいと思っています。

❻ 生命力100%に向けて、佐藤式気功の癒し方

アナログモードとデジタルモードを使い分ける

佐藤式気功の具体的な内容は、大きく「アナログモード方式」と「デジタルモード方式」に分けられます。

アナログモードとは

アナログモードは佐藤式気功の基本モードで、「温かいモード」と「涼しいモード」があります。初めて佐藤式気功を体験する人や、心身がかなり疲れている人に有効でしょう。

ゆらぎが大きいので、何か気持ちいいものに包まれた感じがします。

温かいモード……収縮気（下丹田の力）が優位のときに働くモードで、体を温かくしたり、充実させる。

涼しいモード……拡大気（中丹田の力）が優位のときに働くモードで、体を涼しくしたり、深いリラックス状態にさせる。

デジタルモードとは

デジタルモードには、「仕事モード」「おやすみモード」「瞑想モード」「体外離脱モード」があります。現実感があり、頭のてっぺんから足先までとてもシャープでスッキリ感があります。ある程度、気感が高まった人にはシャープに働き、効果が体感できます。

仕事モード……現実的に仕事がしやすくなるモード。

おやすみモード……熟睡感を得られるモード。

瞑想モード……瞑想感覚になるモード。

体外離脱モード……体外離脱の準備モードと、体外離脱体験モードの二段階ある。

生活シーンに合わせてデジタル系4つのモードを活用する

収縮気と拡大気の気のバランスをデジタル化してとらえたものがデジタルモードです。

この場合の数値は、私の経験を基に、受療者からのデータを総合して設定したものです。

私は「収縮気と拡大気の総和が生命力である」と考えており、最も理想的な状態を100％としています。また、各モードの収縮気と拡大気の総和は100％にしてありますが、これは最も理想的な状態を表したものです。

デジタルモードの4つのモードの「気のバランス」によって、どのような効果がもたらされるのかモード別に紹介していきましょう。

デジタルモードの4つのモード

仕事モード

現実的に仕事しやすくなります。

「収縮気（60％）・拡大気（40％）」で、体も頭も目覚めている状態です。

この仕事モードは、気功施療が終わった後や、自己トレーニングで深い気功感覚から覚めた後に起こるモードでもあります。リラックスと同時に、精神を集中させます。脳波ではアルファ波状態なので、体はとても軽く感じます。

佐藤式気功では、この仕事モードの状態を、現実社会に生きて活動している私たちの、心身の基本モードと考えています。

おやすみモード

眠りにつきやすくなります。

「収縮気（40％）・拡大気（60％）」で、体も頭も休眠している状態です。

体も頭も休め、朝の目覚めをよくするモードで、副交感神経の働きを高め、やや血圧を低くして血液循環をよくすることで、心臓に負担をかけないモードです。

短い休憩時間でも、自己トレでおやすみモードにすると、熟睡した後のような疲労回復効果があります。

瞑想モード

瞑想感覚になります。

「収縮気（20％）・拡大気（80％）」ですが、このときは身体は休眠しているのに、頭が目覚めている状態です。

変性意識状態といって雑念のない目覚めです。仕事モードのときの頭の覚醒時とはあきらかに違うようです。瞑想モードは、健康増進のほかに才能開発にも効果を発揮するモードです。

体外離脱モード

①体外離脱準備モード

体外離脱感覚になるための準備モードです。

「収縮気（10％）・拡大気（90％）」で、肉体感覚が喪失し、自分が薄い紙になったような感覚です。

②体外離脱モード

体外離脱感覚になります。

「収縮気（0％）・拡大気（100％）」で、完全に体から意識が離脱する感覚です。

厳密にいえば、収縮気は限りなく0％に近く、拡大気は限りなく100％に近いということです。

なお、デジタルモードは、基本モードであるアナログモードで充分に体と精神が癒された上で行なうと、効果をより実感できます。

いずれのモード時も、下丹田にしっかり意識を集中することが重要です。そうすることで下丹田の力により、心身の安定を図りながら、ストレスをスピーディーに放出させる力があるからです。

拡大気（中丹田）は、心身の中に溜まっているストレスやトラウマを表面に引き出す力があり、収縮気（下丹田）は、表面に出た自覚症状や病気を取り去る力があります。佐藤式気功で病気の原因から解消してほしいと思います。

生命力低下と「病気モード」について

収縮気と拡大気の和が生命力を表しているのですが、現実的には生命力は常に理想型の100％にあるわけではありません。

私は通常の生活レベルで、少なくとも60％～80％程度に保持できればよいと考えています。そのときの目安として、気の重心の位置がどこにあるかを体感することが大切です。

「病気モード」というのは、拡大気と収縮気のバランスが「足して40％以下」のときに現れます。

たとえば、「収縮気60％・拡大気40％」（生命力１００％）のときは、最も理想的な仕事モードとなっており、気の重心が「宇宙の中心」にあります。

「収縮気50％・拡大気30％」（生命力80％）のときは、気の重心が「足裏」に上がり、「収縮気40％・拡大気20％」（生命力60％）のときは、「腹」まで重心が上がります。このあたりが、肉体的にも精神的にも標準的な健康状態です。

けれども、「収縮気30％・拡大気10％」（生命力40％）まで生命力が下がると、気の重心が「肩」のあたりにきます。このときは、身体と精神に自覚症状が現れてきます。半健康状態です。

さらに、「収縮気20％・拡大気が10％」（生命力30％）まで落ちると、気の重心が「頭」あたりまで上がってきます。そろそろ医師の診断を受けたくなるような自覚症状が現れます。しかし、自覚症状が慢性化して、病気が進行していることもわからない人がいます。みなさんの多くは、この状態が普通の感覚といいます。

受療者の中には、「収縮気10％・拡大気10％」（生命力20％）まで落ち、気の重心が「頭上」にある人がいます。いつ倒れても不思議ではない状態です。精神的には極度なうつ状

●気の重心と生命力（収縮気と拡大気）関係

気の重心	収縮気	拡大気	健康状態
足裏	50%	30%	理想的な健康状態（仕事モード）
	生命力80%		
膝	45%	25%	肉体的・精神的に標準的な健康状態
	生命力70%		
腹	40%	20%	
	生命力60%		
肩	30 %	10%	心身に自覚症状が現れ、半健康状態
	生命力40%		
頭	20%	10%	医師の診断が必要な状態
	生命力30%		

態で、生きる力が極端に低下しています。

佐藤式気功はこれらの病気モードから離脱するために、最初の目標は生命力60％に設定します。それから気功を続けることで徐々にレベルを上げていき、最終目標は「収縮気50％・拡大気30％」（生命力80％）～「収縮気60％・拡大気40％」（生命力100％）の理想的な仕事モードに保つこと、それを24時間安定させることを目標にします。

気の重心を体感することの大切さ

気の重心を体感するということは、人間の60兆の細胞1個1個に宿っている気の情報を体感することです。それは心の情報を体感することでもあります。

心の情報には、意識情報と無意識情報があります。意識情報には五感や身体情報が、無意識情報には第六感や抑圧された感情および過去世情報があります。一般的に精神的ストレスとは、無意識下にある抑圧された感情のことを指します。

内的ストレスとしての歪んだ感情が意識上に上ってくると、脳は精神的パニックに陥りそうになり、それを避けるために身体に強烈な痛みや不快な自覚症状を与えて、ストレスの元となった歪んだ感情をそらそうとします。それが心身症であり、下丹田タイプに顕著に現れます。

腰痛や椎間板ヘルニアなどの整形外科系の病気も、心身症的自覚症状だといえるでしょう。

一方、抑圧された感情が意識上に直接的に現れる場合もあります。脳が意識で押さえきれないときです。それが神経症です。パニック障害ともいいます。これは中丹田タイプに顕著に現れます。

佐藤式気功では、気功前と気功後に気の重心を確認しているのですが、そのときの無意識下にある抑圧された感情がどれだけ解放されたか、その結果が気の重心に現れます。

このときは意識と無意識がつながっていて、無意識情報を意識上で知覚しているということになります。また、意識上にある身体情報を確認することもあります。

　このように、気の重心を感じるということは、自分の心の状態と身体の正直な状態を確認する作業にほかなりません。

3章
医療の現場が注目しはじめた

数年前から、佐藤式気功のセミナーに医師や
医学関係の研究者の方々の参加がとみに
増えてきたように思います。
西洋医学と東洋医学の連携、加えて霊性的視点を
取り入れた全人的統合医療の取り組みは、
以前から私の念願でした。
この気功の科学的解明に向けてもさまざまな
アプローチが始まっており、将来が楽しみです。
この章では、医療の現場からお寄せいただいた
佐藤式気功に関するエッセイと研究論文を
あわせて紹介します。

芦田敦子さん

善衆会《ぜんしゅうかい》病院は、佐藤気功センターとホームページを相互リンクをさせて頂いている民間病院です。群馬県前橋市にあり、『週刊朝日』増刊号の「いい病院ランキング整形外科編」では、平成17年度2位に選ばれるなど、地元でも評判の高い病院と聞いています。

とくに「魂に触れる医療」を最も大切に考える篠崎忠利理事長の理念の元に、院内に「群馬統合医療推進プロジェクト」を立ち上げています。今後、院内や地域の方々に利用してもらうために、さまざまな科学的実験を進めながら、西洋医療と東洋医療を統合した医療を進めています。佐藤気功センターも協力していく予定で、連携しながらスピリチュアリティ（霊性）的医療を導入した広い視野での全人的統合医療を提案していきたいと思っています。

❶ 統合医療推進プロジェクトの立ち上げ

芦田敦子さん　善衆会病院　ゼネラルマネージャー・医療コーディネーター

医療者が患者となった日

忘れもしない平成17年の8月のことです。いつものように精力的に病院内の仕事に取り組んでいた午後、急激に下腹部の痛みに襲われ、そのまま診察を受け、点滴治療が始まりました。一時間くらい経っても、いっこうに治まらない痛みを医師に訴えると、とりあえず痛みを抑えるためにということで薬を注射してくれました。

そして、しばらく後……。私はショックを起こし、一気に血圧が下がりはじめました。呼吸ができにくくなり、冷や汗が流れ、目が回り、しびれ、離人感がでてきて、周りの医療スタッフの行動がゆっくりに見えてきました。その次は、現実からあの世の世界（?）への第一歩を踏み出そうとした瞬間に、閃光が走り、また一気に新鮮な空気が入ってきて、助かりました。

たぶん、私の体験は周りの人から見ると一瞬の出来事だったのだろうと思います。しかし、よく聞くような、気持ちよくてすばらしい臨死体験とは違い、ただ恐怖感だけが後に残ったため、その後から苦しい苦しい精神的な後遺症に直面することになりました。

パニック発作、不安、恐怖との闘い。

下腹部痛は治まり、身体の検査の結果は異常のなかった私でしたが、次の日から発作が始まりました。前ぶれもなく、突然不安が襲いかかり、呼吸もままならず、立っても座ってもいられず、声も出ない。助けを求めたくても、夫や子供たちの顔さえ、怖くて怖くて……。

ただ恐怖と不安が押し寄せ、自分が狂気の世界に行ってしまったのかと思い、「死」の文字が繰り返し頭に浮かびました。

西洋医療の限界

知り合いの医師に相談し、心療内科に受診を勧められ、意を決して行ってみました。診断名は「パニック障害」または、「自律神経失調症」とのことで、「どっちか選んでいいよ」と言われました。そして一年半は飲み続けるように言われ、大量に出された、抗不安剤と坑うつ剤。その日から、何も考えずに飲み始め、確かに薬のおかげで発作はなくなり、発作の恐怖は緩和されました。その代わり、私の思考は止まり、一日中ボーっとし、生きるエネルギーはなくなり、私が私でなくなった日々となりました。

そうして2週間経った頃、親友のひと言から私の「生」への挑戦が始まりました。「あっちゃん、出ておいで。私が迎えに行くから。魂の治療を受けてみよう」と、同じ病院でコンサルタントとして働いている横山正美さんの温かい申し出でした。

父や叔父を医師にもち、自分自身、看護師・保健師・助産師の資格も持っており、大学院で心理学も学んだ私は、それまでどちらかというと西洋的な医療のほうに偏った人間だったと思います。確かに、今回のことも最初の段階で激しい症状をいったん止め、落ち着かせてくれたという意味において薬物治療は（最良な治療かどうかは別として）効果的ではあったと思います。しかし、この一連の体験は、身体だけを診て、正常か異常か検査値で判断し、診断名をカテゴリー分けして、病名をつけ、大量に薬を出す、という西洋医療の限界を思い知りました。

魂の治療へのアプローチ

横山さんからの紹介で、埼玉県本庄市で横山総合治療院を開いている横山栄一先生の元に気功を受けに通い始めました。そのほかにも、パワースポット（岩手県の金田一温泉緑風荘など）といわれるところに行きエネルギーを感じたり、アロマテラピーや漢方、お香を焚いたり、ヒーリング音楽を聴いたり、精神世界の本を片っ端から読んだり……。呼吸法も試しました。ハワイのチャック・スペザーノ心理学博士が体系づけた、魂にアプローチする「ビジョン心理学」も勉強し、自分の親兄弟関係の改善にも取り組み始めました。夫の支えが何より一番効きましたが、心理カウンセラーでもある親友の横山正美さんのカウンセリングも魂の治療に大変有効でした。

佐藤式気功との出会い

魂の治療に取り組み始め、薬は自然と減り、約1ヵ月後にはまったく飲まなくても日常の生活は送れるようになりました。しかし、まだいつも薬は持ち歩いていなければ安心できず、仕事にも復帰できない状況にありました。そのころ、横山正美さんから「そろそろ、今のあなたに適した本物の施療を紹介するね」とのお話があり、ご紹介を受けたのが運命の出会い「佐藤式気功」だったのです。

佐藤先生と最初にお会いしたときは、正直に申し上げると大変に恐れを感じました。というのは、施療を受けると、自分自身が解放され、幸せにならなければいけないのだ、と強く感じたからなのでした。「幸せが怖い」などというと、読者の方には不思議に感じられるかも知れませんが、そのときの私は究極の罪悪感にさいなまれており、自分のような人間が生きていることさえ申し訳ない気持ちであり、幸せになるということ自体がこの世の地獄のように感じていたのでした。

そのような私の気持ちを超越し、佐藤先生は優しく力強くたおやかに受け止めてくださり、1回目の対面式気功は無事に終わりました。1回目の気功を受けた直後から、私の精神的な不安定さは劇的に軽減していきました。佐藤式気功を勝手に恐れていた自分が信じられないくらいでした。

吉村先生を通じた佐藤式気功の世界

佐藤先生に教えていただいた佐藤式気功の自己トレーニング法は、じつにシンプルで実用的なものでしたので、毎日実践をはじめました。日に日に自分なりに重心が下がっていくのが感じられ、少しずつ「生きやすく」なってくるのが感じられました。

第2回目には、佐藤先生のご友人でオリンピック水泳選手を育てるために佐藤式気功を取り入れた、中央大学教授の吉村豊先生（『幸運を呼び込むスピリチュアル気功』ハート出版参照）を紹介していただきました。そのときに、佐藤先生から「私の気功を5回受けた人で、潜在的な能力のある方なら誰でも佐藤式気功の実践者になれる可能性があるのですよ」とのお話でした。まさに、ご紹介いただいた吉村先生は、佐藤式気功をスポーツの世界で実践する方なのでした。

その日は、同じ部屋で佐藤先生は他の患者さんを施療している状態で、私は吉村先生の施療を受けました。その体験はまたすばらしいもので、佐藤式気功に吉村先生の個性（やさしさ）が加わっていて感動的でした。佐藤式気功のすばらしさはここにも現れていると思います。つまり、佐藤先生のみが実践者ではなく、今後多くの実践者が世に出て、佐藤式プラスその人のよい個性で、多くの人が救われる可能性が高いことなのだと思います。

統合医療推進プロジェクト

話は前後しますが、最初、佐藤先生は横山さんを介して、当院の理念に共感してくださり、わざわざ東京から来訪してくださいました。

実際には、当院が新たに力を入れようとしている統合医療（一般的には、従来の近代西洋医学に東洋などの伝統医療や民間医療、サプリメント、代替医療などを統合した医療）分野の研究に、佐藤式気功も加えることが病院利用者や地域にとって有益なのではないだろうか、という仮定のもと、まずは当院の医療従事者が体験をさせていただこうと考え、先生をお迎えしたのでした。

私のほかにも、当院の理事長や理事長代行、副院長やコンサルタント、心理士などが被験者となりました。今回は私の体験談ですので詳しくは述べませんが（ご興味がありましたら、佐藤先生のホームページと合わせて、善衆会病院のホームページものぞいてみてください）、とにかく佐藤式気功のすばらしさを皆で体感いたしました。そして、主観的で個人の感覚的なものである体験のほかにも、佐藤先生が今までに積み重ねてきた、気功の科学的な検証（国内外で発表された数々の研究論文やデータの蓄積など）についても医学的見地からみて魅力を感じました。

ご好意で何度も足を運んでくださった佐藤先生の施療もいよいよ5回がすぎ、当院の幹部たちの決意もかたまりました。そして、一連の佐藤式気功の予備研究も経て、このたび、気功以外のさまざまな統合医療の研究もあわせて、当院にて「統合医療推進プロジェクト」の立ち上げにこぎつけました。

内容は、他大学と共同で行なうバイオフィードバックの痛みへの治療の応用の研究や、吉村先生と共同で行なうスポーツ選手のけがの予防や治療などへの応用の研究、アロマテラピー、リラクゼーション、座禅、瞑想、呼吸法などさまざまな研究に着手予定ですが、その中でもメインとなるのは佐藤式気功であることは間違いありません。そして、当院の利用者や地域の方々に対する実際の医療に生かせるのも、そう遠くない将来だと思います。もう少し言わせていただけば、この動きが日本の医療全体まで動かすことになれば嬉しいとも考えています。

私自身の今後

私自身は、佐藤先生と吉村先生の施療を交互に受け、6回目には完全に重心が宇宙の中心まで下がりました。今では、精神的な不安定さは微塵もありません。仕事も以前よりリラックスした状態で、何事にも落ちついて対応できる自分に驚いています。人間ですから、時々は身体の「気」が上がった状態になって（佐藤先生の理論でいえば、重心が胸より上に上がってしまった状態）、肩が凝ったり、目が疲れたり、怒りでカーッとなった状態に陥ることもあります。でも、そんなときにも、佐藤式気功を実践している現在では、すぐに自力で簡単に重心を下げることができ、宇宙とつながっている安心感で楽に生きる毎日です。

「こんな私が幸せになってもいいんですか？」

「いいんです！」

そう自分が自分に即座に答えてあげられている現在が最高に幸せです。

佐藤先生に感謝。紹介してくださった横山さん、吉村先生、横山先生、関係者の皆様、そして、最愛の夫と家族に心から感謝します。残りの人生は、医療を通じ人の魂の救済に取り組むことで恩返しをしたいと考えています。

濁川孝志さん

立教大学教授(医学博士)の濁川孝志先生は、生理学、健康科学、体育学、精神神経科学などの諸分野で研究成果をあげてこられました。今以上に重要性が高まることが予想される「ウエルネス」や「スピリチュアリティ」の分野の専門家としても活躍が期待されます。

今回は、佐藤式気功のもたらす精神面への影響に着目し、その効果を「P－Lテスト法」を導入し、客観的に評価していただきました。その結果、気功による顕著な「生きがい感」の変化が認められました。生活の質の向上を求めるQOL希求の流れが強まる今日、スピリチュアリティを含めた生きがいの創出に、佐藤式気功が貢献できる部分は大きいのではないかと考えています。そのことを示してくれたこの研究論文は、私たちが生きる意味を考える上でも示唆に富む内容となっています。このたび、濁川先生ならびに安川先生、大石先生のご好意でここに掲載することができました。

❷ 佐藤式気功とスピリチュアリティの変化

濁川孝志さん　立教大学　コミュニティ福祉学部教授

佐藤式気功との出会い

「体外離脱を誘発する気功法があるそうです」と友人から聞いたときは、一瞬耳を疑った。

「体外離脱っていうのは、臨死体験者がよく言う〝自分の身体から魂が離れて行く〟アレのことか」

「はい、その体外離脱です」

「……」

僕は、もともとこの種の現象には凄く興味がある。おおよそ超常現象と呼ばれているものは、現在の科学で解明できないだけで、確実にあるに違いない。テレビだって携帯電話だって、江戸時代の人間に見せれば超常現象である。それに有名大学の教授でもある彼は、いい加減なことを言うような人間では断じてない。

「とにかく一度、その気功を体験してみませんか」

誘われるままに、僕は半信半疑で佐藤気功センターを訪ねた。秋の日の日暮れ時だったと思う。佐藤先生は笑顔を絶やさない温厚なお人柄で、僕らはリラックスした雰囲気の中、佐藤式気功を受けることができた。結果、友人は体外離脱までは行かないが、スピリチュアルな感性を伴う不思議な世界が見えたという。僕は、残念ながらこの種の感受性が弱いらしく、身体が温かくなったり、涼しくなったりはしたものの、そのような興味あるイメージを体感することはできなかった。しかし、施術後は身体がぽかぽかと暖かく、とてもゆったりとした気分になったのは事実である。

心の病の時代と気功

現代は、心の病の時代と言われる。同時にストレス社会とも呼ばれる。ニート、引きこもり、年間3万人を超える自殺者、青少年犯罪の凶悪化。どれをとっても、心理的なストレスや心の不安（闇）が関連した現象としか考えられない。先の終戦から半世紀以上にわたって物質的な繁栄ばかりを追求してきた結果、今の日本では、生活水準は向上し物欲は満たされつつある一方で、生きる意味や目的意識の喪失という新たな問題が浮上しているように見える。その結果が、右に書いた諸々の問題と関連しているように思えてしかたがない。

このような世相を反映してか、現在、物質至上主義的な社会における全人的ＱＯＬ（Total Quality of Life）を求める動き、つまり「生きがい」や「信念」などスピリチュアルな感性も含めた総合的な生活の質の向上を志向する動きが高まっている。そして、このスピリチュアルな感性を高める可能性がある手法として、禅やヨーガによる瞑想体験、特定の宗教の信仰などによる自己の霊性への目覚め、さらには気功によって得られる「天地人合一」の感覚などが指摘されている。つまり気功には、人間のスピリチュアルな感性を高め、僕らを「心の病」から開放してくれる可能性が秘められているのである。

佐藤式気功がもたらすスピリチュアリティの変化

佐藤式気功の人体への影響に関しては、これまで複数の研究者によって検討がなされている。それらを概観すれば、佐藤式気功は受け手の自律神経系（皮膚温、心拍数など）、内分泌系（アドレナリン、ノルアドレナリンなど）、免疫系（ＮＫ細胞、ＣＤ４／ＣＤ８など）、脳波などへ明確な影響を及ぼすというものであり、概ね受け手の副交感神経支配を優位に導き、ホルモンバランスを整え、免疫能を向上させるということになる。

つまり佐藤式気功は、そのメカニズムはともかく、受け手を精神的にリラックスさせることができ、それと同時に免疫機能を活性化させる。その結果、受け手の身体のコンディションを良好に導く。つまり「からだに良い」のである。

佐藤式気功のもたらす身体への影響はある程度解明されたとして、では心への影響はどうなのか。右で述べたような、人間のスピリチュアルな側面へも影響を及ぼすのだろうか。例えば、個人の「生きがい感」や「死生観」などに影響を与えるのだろうか。この点を検討するために、我々は質問紙により、気功前後の受け手の心の変化を観察した。質問項目は、人間の「実存的虚無感」や「生きがい感」に関わるとされるＰＩＬテストから20項目、さらに死生観に関わる項目として飯田のブレークスルー思考から著者らがアレンジした５項目を用いた。

結果は予想を遥かに超えるものであった。細かい分析結果はここでは割愛するが、全ての項目で、有意な変化が見られた。つまり佐藤式気功の施術後は、男性も女性も「生きがい感」が高揚し、また全人的ＱＯＬとの関連性が高い「死生観」に関しても、これがＱＯＬを高める方向へシフトしたのである。佐藤式気功がなぜ「生きがい感」や「死生観」に影響するのか。そのメカニズムは、現在のところ不明である。しかし大切なのは、メカニズム解明よりも、それが実際に「効く」というその事実の方であろう。

スピリチュアリティという言葉はさまざまな場面で使われ、その定義づけも明確になされているわけではない。しかし、WHO（世界保健機関）の解釈に基づけば、少なくとも「生きる意味」や「生きがい」などと関わる概念である。その意味からも、佐藤式気功は「生きがい感」を高める作用があることから、人間のスピリチュアルな側面を良好に導くものであると考えられる。実際に佐藤式気功の施術により、慢性的な倦怠感や軽度の抑うつ状態が快方に向かったという症例があるが、これらの症例には、右記のようなスピリチュアルな側面に関連するメカニズムが働いた可能性が考えられる。

現在、原因不明の難病や、さまざまな恐怖症、うつ状態などに効くとされる民間療法は数多く存在する。それらは、佐藤式気功をはじめとするさまざまな気功法、催眠を用いる方法、呼吸法を用いる方法など多種多様である。しかし、それらの中にあって佐藤式気功の持つとくに優れた点は、特別な呼吸法や精神集中などを必要とせず、誰でも一度覚えてしまえば、お金をかけず簡単に実践できることである。

そして僕が佐藤式気功を支持する理由は、佐藤先生ご自身が、天から授かったこの能力を独り占めしたり、これによる蓄財を考えたりせず、これをできるだけお金が掛からない方法で、一般に広めようと努力している点である。今後この佐藤式気功がより広く一般に認知され、個人のレベルでも、あるいは広く社会のレベルでも、我々のスピリチュアルな側面が良好に保たれ、心の病が原因となるさまざまな問題が少しでも減少することを切に希望する。

❸ 論文「外気功がスピリチュアルな価値観に及ぼす影響について」

濁川孝志さん　立教大学　コミュニティ福祉学部
安川通雄さん　専修大学　社会体育研究所
大石和男さん　専修大学　社会体育研究所
佐藤眞志　佐藤気功センター

Ⅰ．はじめに

スピリチュアリティと全人的QOL

医療や公衆衛生の進歩によって伝染病や乳児死亡率が大幅に減少した結果、現在の日本は世界一の長寿国となった(1)。しかし一方で世相に目を向けると、青少年犯罪の凶悪化、ニート、引きこもり、3万人を越える自殺者など「心の病」が関連するとしか思えないような社会問題が多発している。これはＰＩＬ研究会が指摘するように、これまで我々が歩んできた日常的な衣食住・蓄財に関わる欲望の充足、すなわち物質的な価値観ばかりが注目された結果として、生活水準は向上し物質的欲求は満たされつつある一方で、生きる意味や目的意識が失われた結果なのかもしれない（2）。このような世相を背景に、現在、物質至上主義的な社会における全人的ＱＯＬ（total QOL）の希求（3）（4）、つまり「生きがい」や「信念」などスピリチュアルな側面も含めた総合的な生活の質の向上を志向する動きが起こっている。

一方近年、スピリチュアリティという言葉が、医療や福祉の現場を中心に色々な場面で用いられるようになってきた（5）。その背景には、現代医療や福祉活動の現場で「生命の尊厳」の重要性、すなわち「ただ命を永らえる」ことではなく、「いかに与えられた命を生き抜くか」という「生き方の質」の重要性が認識されてきたという状況があると考えられる。とりわけホスピスケアやターミナルケアの領域においては、痛みなどの身体的苦痛、不安や抑うつといった精神的苦痛、経済問題や家族間の問題という社会的苦痛のみならず、人間存在としての意味や価値に深く関連したスピリチュアルペインが重視されるようになってきている（6）（7）（8）。このような社会的潮流の中、ＷＨＯは２０００年の執行理事会において、従来の健康の定義を見直し、健康を構成する要素として「スピリチュアリティ」を付け加えることを決議した（9）。スピリチュアリティとは、ＷＨＯの定義を要約すれば、以下のようになる（10）。

「スピリチュアリティとは、人間として生きることに関連した経験的一側面であり、身体感覚的な現象を超越して得た体験を表す言葉である。多くの人にとって〝生きていること〟が持つスピリチュアルな側面には宗教的な因子が含まれるが、スピリチュアルとは、宗教的と同義ではない。スピリチュアリティは、人間の生の全体像を構成する一因子とみることができ、生きている意味や目的に関わる。特に人生の終末に近づいた人にとっては、自らを許すこと、他人との和解、価値観の確認などと関連することが多い」

このＷＨＯの解釈に示されるようにスピリチュアリティとは、生きている意味や目的に関わるもので、「生きがい観」と強く関連する概念である（11）。なお執行理事会でのこの変更決議は、現在のところ諸般の事情によりＷＨＯ総会での承認が得られておらず、未だ発効には至っていない。

このようにスピリチュアリティは自己のアイデンティティや健康観、ウエルネス、生きがい観、宗教観などと深く関わる概念で、それは同時に現代人がＱＯＬの高い生活を営むうえで、重要な要素である。では、スピリチュアリティを高めたりスピリチュアルな感性を養うためには、いかなる方法があるのだろうか。それに関しては、スピリチュアリティの定義が確立しない限り明確な議論はできないだろう。しかしスピリチュアリティを少なくとも自己の霊性や信念に関わる要素と捉えるならば、禅やヨーガによる瞑想体験(12)、気功によって得られる「天地人合一」の感覚(13)、特定の宗教の信仰などによる自己の霊性への目覚めなどは(14)、これに関わるものと考えられる。

気とスピリチュアリティ

スピリチュアリティをテーマにした論文の中で、「気」や「気功法」を関連要素として取り上げているものは数多い(15)(16)(17)。この事実は、気がスピリチュアリティと何らかの関わりをもつことを示唆するものであるが、それらの中には、気功などのある種のボディワークが、個人のスピリチュアリティを高める可能性を持つと指摘しているものもある(13)。

では、「気」とはいったい何であろうか。

「気とは何であるか」というテーマに関しては、近年多くの科学的アプローチがなされている(18)(19)(20)。しかし現在のところ、気の実体が解明されたとは言い難い。中国では古来から、気を宇宙の運行を根底から支えるエネルギーとして捉え、同時にそのエネルギーが生体内を循環・出入・増減するものとして認識されてきた(13)。さらに近年、気を従来のエネルギーという捉え方に加えて、生命情報という観点から捉える考え方も生まれている(13)。例えば、気功師の掌の経穴（ツボ）から放射される気によって写真乾板が感光したり、密閉したアクリル箱の中のローソクの炎が揺れたりする現象は、気のエネルギー性が強く発動した結果であるが、一方、人体の経穴に外気を照射することによって肩こりや腰痛などが治ったりする現象は、気の情報性が強く発動した結果として捉えられる(13)。なぜならば、気功師の掌から照射されるエネルギーは一億分の一ワット程度であると考えられ、これは人体に生理学的変化を生じさせるエネルギーとしては、あまりにも小さ過ぎるため、気は情報系として作用していると解釈されるわけである。

一方、気功の実践家は人体内を循環するとされる内気を鍛えること目標に日々鍛錬を行なっているのであるが、そのやり方は様々で、中国国内および国外で250を超える技法が普及実践されている。気の質を高めるための方法としては三調とよばれる、調身、調息、調心の三原則があるとされている(13)。これらの原則は、実践者の姿勢、呼吸、さらには心身のリラクセーションと深く関わるものであるが、いずれにせよ多くの現代人がスピリチュアルな感性や心身の健康を求めて気功法を実践している。また、このような自分自身による気功の実践とは別に、様々な心身の問題の改善を気功師の施術に求めるケースも多い。そのような受診者の心身の問題の改善を試みる気功法のひとつとして、佐藤式気功法を挙げることができる。

佐藤式気功法とは

佐藤式気功法は、佐藤眞志が独自に会得した瞑想的気功法である。佐藤式気功法の特徴を、佐藤自身は以下のように説明している。すなわち、従来の中国式気功では気功師が外側から気のエネルギーを送るのに対して、佐藤式気功法では気功師が気を送ると受け手自身の内側の扉が開いて、必要な気がその人自身の体内から湧いてくる。また佐藤式気功法では、気を大きく2種類に分け、それぞれを収縮気、拡大気と呼んでいる。収縮気は、下丹田の辺りから湧き上がり、身体の中心に向かって働きかけ交感神経系を刺激する。拡大気は、中丹田の辺りから湧き上がり、身体全体に向かって広がり副交感神経系を刺激する。そして佐藤式気功法では、この「収縮気」と「拡大気」という2つの気のバランスをうまく調整し、心身を最適な状態にするというものである(21)。これらの概念は、もちろん科学的に説明がなされたものではない。しかし佐藤はこの手法を用い、うつ状態の軽減、不眠の軽減、糖尿病やリウマチの改善、椎間板ヘルニアの改善など受診者のさまざまな心身に関わる問題に関し多くの実績をあげている。

　佐藤式気功法が生体に及ぼす影響に関しては、いくつかの研究により明らかになりつつある。それらによれば、佐藤式気功法は受け手の自律神経系（皮膚温、心拍数など）(19)(20)、内分泌系（アドレナリン、ノルアドレナリンなど）(22)、免疫系（ＮＫ細胞、ＣＤ４／ＣＤ８など）(23)、脳波(20)などへ明確な影響を及ぼすというものであり、概ね受け手の副交感神経支配を優位に導き、免疫機能を向上させるというものであった。また、１９９４年の中国人体科学会では、佐藤が初対面の中国人や他国からの複数の人に対して発功した時に自発動功のような動きを引き出しているのが記録されている(20)。

　佐藤式気功法により受け手が体感する感覚は、身体の暖かさ、リラックスしてさっぱりした感覚など他の気功でも得られるものの他に、空中に浮揚したり上昇する感覚、さらには肉体感覚を喪失したり身体から意識が抜けたような体外離脱に似た感覚などがある。これは功能者、すなわち佐藤が、気の受け手に、ある種の変性意識状態や瞑想状態を作り出しているとも考えられる現象である。また佐藤式気功法が自己暗示や催眠術と異なることは、言語誘導をほとんど用いてないこと、及び気功中に催眠術とは違って受け手に意識の混乱や無反応が見られないことなどから、かなり明らかであると考えられる(20)。

Ⅱ．目的

前述のように、佐藤式気功法が受け手の身体や精神にある種の影響を及ぼすことは明らかにされている。しかしながら、生きがい感や死生観などスピリチュアルな側面を含んだ個人の価値観にどのような影響を及ぼすのかという点に関しては、これまで検討がなされていない。気功などのある種のボディワークが、個人のスピリチュアリティを高める可能性を持つと指摘する文献もあるが(13)、本研究は、佐藤式気功が気の受け手のスピリチュアルな価値観に、どのような影響を及ぼすかを検討するために行なわれた。併せて日本の中高年齢者の生きがい感と死生観に関し、その現状についての分析を試みた。

Ⅲ．研究方法

被験者

被験者は男性43名（平均年齢48・4±11・56歳）、女性42名（平均年齢47・7±11・00歳）の合計85名（平均年齢48・04±11・22）であった。なお全ての手続きは、被験者に対して十分に説明され、被験者の了解が得られた後に行なわれた。

佐藤式気功法の実施

個々の被験者に対し、佐藤眞志により対面で佐藤式気功法が施術された。なお佐藤式気功法には、遠隔地にいる受け手に気を送る遠隔式気功法も存在する。気功の施術は被験者安静仰臥位で約50分間行なわれ、その間、被験者に対する言葉による指示はほとんど何も行なわれない。

スピリチュアルな価値観に関する測定

被験者のスピリチュアルな価値観に関わる部分の変化を観察するために、本研究では個人の生きがい感を反映するＰＩＬテスト、及び全人的ＱＯＬに関わるとされる死生観の調査を行なった。

ⓐ ＰＩＬテスト

ＰＩＬ（Purpose In Life）テストは、Crumbaugh & Maholick によって開発されたもので、本来「実存的虚無感」の程度を測定するものである(24)(25)。実存的虚無（existential vacuum）とは、人生の意味・目的を喪失した状態を指すが、これは人生の意味・目的を重視する実存的心理療法であるロゴセラピーを開発したFranklによって提唱された概念である（26）（27）。

ＰＩＬテストオリジナル版は、Part-A, B, Cの３つの部分から成るが、Part-Aは20項目からなる質問紙法、Ｂは13項目の文章完成法、Ｃは自由記述である。日本版はそれらを翻訳したもので、多数の日本人に実施されてきた（28）。

熊野・木下（29）、小林（30）など多くの研究者が指摘するように、生きがい感は生存充実感であって、喜び、勇気、希望などによって自分の生活内容が充実している状態で、実存的虚無感とはほぼ対極にあるものと考えられる。従ってＰＩＬテストによって測られる実存的虚無感は、生きがい感の逆数的な存在であると考えられる。また熊野（31）は、ＰＩＬテストのPart-Aは、生きがいの中心的な6成分のうち目標・夢、人生の意味、存在価値、生活の充実感の４成分を測定するものであるといい、生きがいを測定するための方法として妥当であると結論している。

本研究では、7段階評定尺度で構成された20の質問項目からなるPart-Aのみを実施し、熊野の研究（31）（32）を基にして「ＰＩＬテストで測定される実存的虚無感が低ければ生きがい感が高く、逆に実存的虚無感が高ければ生きがい感が低い状態」と定義した。したがって、本研究で測定されるＰＩＬテスト結果は、この得点が大きいことは生きがい感が大きいこと、逆に得点が小さいことは生きがい感が小さいことを意味することになる。なお基礎研究の結果、テストの妥当性および信頼性などが十分に高いことが示されている（33）（34）。

⒝ 死生観の測定

人間が持つ多くの価値観の中で、死後の世界の観念などに関する死生観は、心の健康と深くかかわっていることが知られている（35）（36）。また與古田ら（37）は、社会の変動が著しく価値観の多様化した現代社会においては、高度化した現代医療や人間の尊厳、生命倫理をめぐる諸問題などを死生観との関連において考えることは意義があると述べ、死生観と全人的ＱＯＬとの関連性を示唆している。従って本研究では、スピリチュアルな価値観に関わる要素として全人的ＱＯＬと関連をもつ死生観を取り上げることにした。

これまで、死や生などに関する価値観についての調査は、諸外国においてはSpilka et al.（38）やTempler（39）によって、日本では、金児（40）、小林ら（41）、佐和田ら（35）によって独自に作成されている。また飯田（42）は、臨床研究により見出された精神医学的な知見（43）（44）（45）を基にして、死や生に関する価値観についていくつかの仮説を提示している。

本研究では、このなかでも特に飯田（42）が提唱する生きがい論に関連したいくつかの仮説をベースにし、「死後の生」や「生まれ変わり」などスピリチュアルな要素を含む5つの仮説に基づいた質問紙を作成した。

本研究で作成した5つの仮説とは、以下の通りである。

①「死後の生仮説」：life after death hypothesis

永遠なる意識体は、人がたとえ死んでも存在し続けるという仮説。

②「生まれ変わり仮説」：reincarnation hypothesis

我々の意識体は、死後、あの世でそれまでの人生を振り返り反省し学習し、新たな人生プランを立ててこの世を再訪する。我々の魂は「生まれ変わり」を繰り返しているという仮説。

③「ライフレッスン仮説」：life lesson hypothesis

人生は、死・病気・人間関係など様々な試練や経験を通じて学び、成長するための修行の場であり、自分自身で計画したものである。人生は意識体を成長させるための場、学校であるという仮説。

④「ソウルメイト仮説」：soul mate hypothesis

現在出会っている夫婦、家族、友人、ライバルなどは、お互いの成長に必要であり、未来の人生でもきっと出会うソウルメイトであるという仮説。

⑤「因果関係仮説」：the low of causality hypothesis

自分が愛に満ちた行為を行えば、その愛はやがて自分にも与えられ、罪のある行為や道徳に反する行為を行えば、やがてそれもかえってくる。宇宙には因果関係の法則が働いているという仮説。

なおこの質問紙は、各質問項目に対して、たとえば「絶対に信じない」から「全面的に信じる」まで、7件法で回答するものである。

Ⅳ．結果

気功前後のPIL得点（生きがい感）の変化

気功前のＰＩＬ各項目の得点を、男女別に示したものが表1である。男性よりも女性の方が高得点を示した項目が多かったが、それらの男女差は概ね統計的に見て有意なものではなかった。

男女別に、気功前後でのＰＩＬ得点平均値を比較した結果を、図1に示した。気功前の男女のＰＩＬ平均得点は、男性が97・1±20・9、女性が101・3±21・8であった。気功後には、この得点が男女とも高くなり、それぞれ114・9±16・1、118・4±18・5に上昇した。これらの前後差は、いずれも統計的に有意なものであった。(p<0.01)

気功前後の死生観の変化

気功前の全被験者の死生観5項目の回答を、ヒストグラムに表したものが図2から図6である。5項目全ての仮説で、「ある程度信じる」「全面的に信じる」と答えた者が群を抜いて多く、今回の被験者群は、「死後の生」や「生まれ変わり」などスピリチュアルな仮説を受け入れる傾向が強いグループであった。またこの傾向は、男性よりも女性において特に顕著に観察された。

気功前後の死生観5項目の回答の変化を男女別に示したものが、表2である。今回の被験者は、元々この5つの仮説を受け入れる傾向の強いグループであったが、気功後はこの傾向が更に強化される方向に変化した。これらの前後差は、全ての項目で男女とも統計的に有意なものであった。

V．考察

表1．PILテストの平均値、標準偏差および性差の検定(t test)

PILテストPartA	全体(n=85)		男性(n=43)		女性(n=42)			
	Mean	*S.D.*	*Mean*	*S.D.*	*Mean*	*S.D.*	*t*	*p*
Q-1	4.7	1.5	4.5	1.5	5.0	1.5	-1.498	0.138
Q-2	4.8	1.3	4.5	1.3	5.1	1.2	-2.187	0.032
Q-3	5.2	1.5	5.1	1.3	5.3	1.6	-0.740	0.462
Q-4	5.3	1.2	5.3	1.2	5.4	1.3	-0.289	0.773
Q-5	4.5	1.6	4.3	1.4	4.7	1.8	-1.061	0.292
Q-6	5.2	1.1	5.3	1.0	5.2	1.2	0.556	0.580
Q-7	5.9	1.4	6.0	1.2	5.9	1.5	0.400	0.690
Q-8	4.9	1.6	4.8	1.5	5.1	1.7	-1.019	0.311
Q-9	5.1	1.4	4.9	1.4	5.4	1.3	-1.462	0.148
Q-10	5.0	1.5	4.8	1.5	5.2	1.5	-1.081	0.283
Q-11	4.5	1.8	4.6	1.5	4.4	2.1	0.572	0.569
Q-12	4.3	1.5	4.3	1.4	4.3	1.7	-0.163	0.871
Q-13	5.3	1.6	5.2	1.6	5.3	1.6	-0.359	0.720
Q-14	5.0	1.3	5.0	1.2	5.1	1.4	-0.325	0.746
Q-15	4.5	1.8	4.5	1.8	4.6	1.9	-0.151	0.880
Q-16	5.4	2.3	5.2	2.4	5.6	2.2	-0.826	0.411
Q-17	5.2	1.4	5.1	1.4	5.3	1.4	-0.483	0.631
Q-18	4.5	1.5	4.4	1.5	4.6	1.4	-0.555	0.580
Q-19	4.8	1.5	4.5	1.6	5.1	1.3	-1.830	0.071
Q-20	4.9	1.4	4.9	1.4	5.0	1.5	-0.370	0.713
合計得点	99.2	21.3	97.1	20.9	101.3	21.8	-0.905	0.368

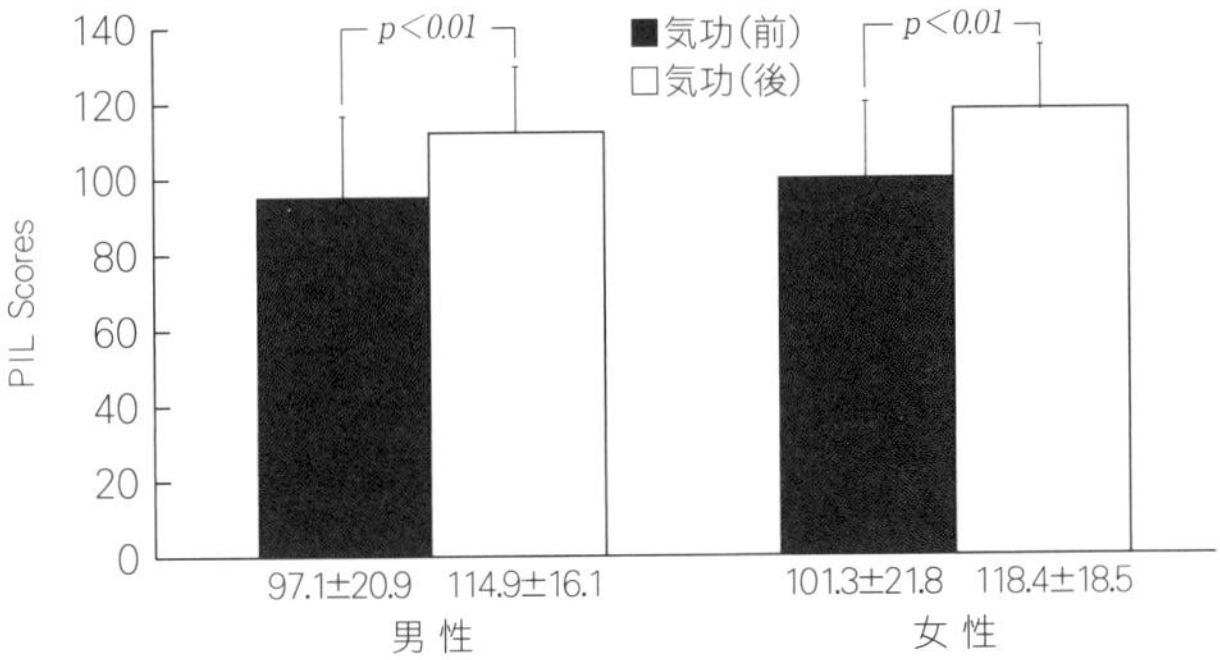

図1．気功前後におけるPIL得点の比較

壮年層の生きがい感ならびに死生観

本研究では、個人の持つスピリチュアルな価値観の指標として「生きがい感」ならびに「死生観」に注目した。また本研究で対象にした被験者は、平均年齢が48・04歳（男女全体）であったことから、このグループはほぼ壮年（中高年）層の集団と考えることができる。

生きがい感の分析には、ＰＩＬ得点を使用した。ＰＩＬの平均得点に関しては、ＰＩＬ研究会から報告がなされている。それによると高校生から老年層まで４３００人の平均値は92・5±18・69で、男女差は認められない。また中高年齢層（35歳～74歳）に限ってみれば平均値は100・6±17・16で、若年層よりも高齢になるに従いＰＩＬ得点が高くなる傾向を示している。本研究の被験者の気功施術前（以下、気功前）のＰＩＬ平均値は、男97・1（20・9）女101・3（21・8）で、この値はＰＩＬ研究会が示したこの年齢層の平均値とほぼ一致した。またＰＩＬは相対的に男性よりも女性の方が高い得点を示すことが報告されているが、本研究でもほぼ同様の傾向が観察された。これらのことから、本研究で対象とした被験者は、極標準的レベルの生きがい感（ＰＩＬ得点）を持ち合わせたグループとみなすことができる。

また本研究で扱った被験者の気功前の死生観に関しては、その回答の分布が図２から図

表2．気功前後における死生観に関するWilcoxonの符合付順位検定

死生観に関する質問	男性(n＝43)		女性(n＝42)	
	Z	p	Z	p
①死後の生仮説	-2.529[a]	0.007	-3.234[a]	0.001
②生まれ変わり仮説	-4.194[a]	0.000	-2.488[a]	0.016
③ライフレッスン仮説	-3.267[a]	0.001	-2.398[a]	0.024
④ソウルメイト仮説	-3.730[a]	0.000	-2.524[a]	0.018
⑤因果関係仮説	-2.812[a]	0.005	-2.675[a]	0.010

[a]負の順位に基づく

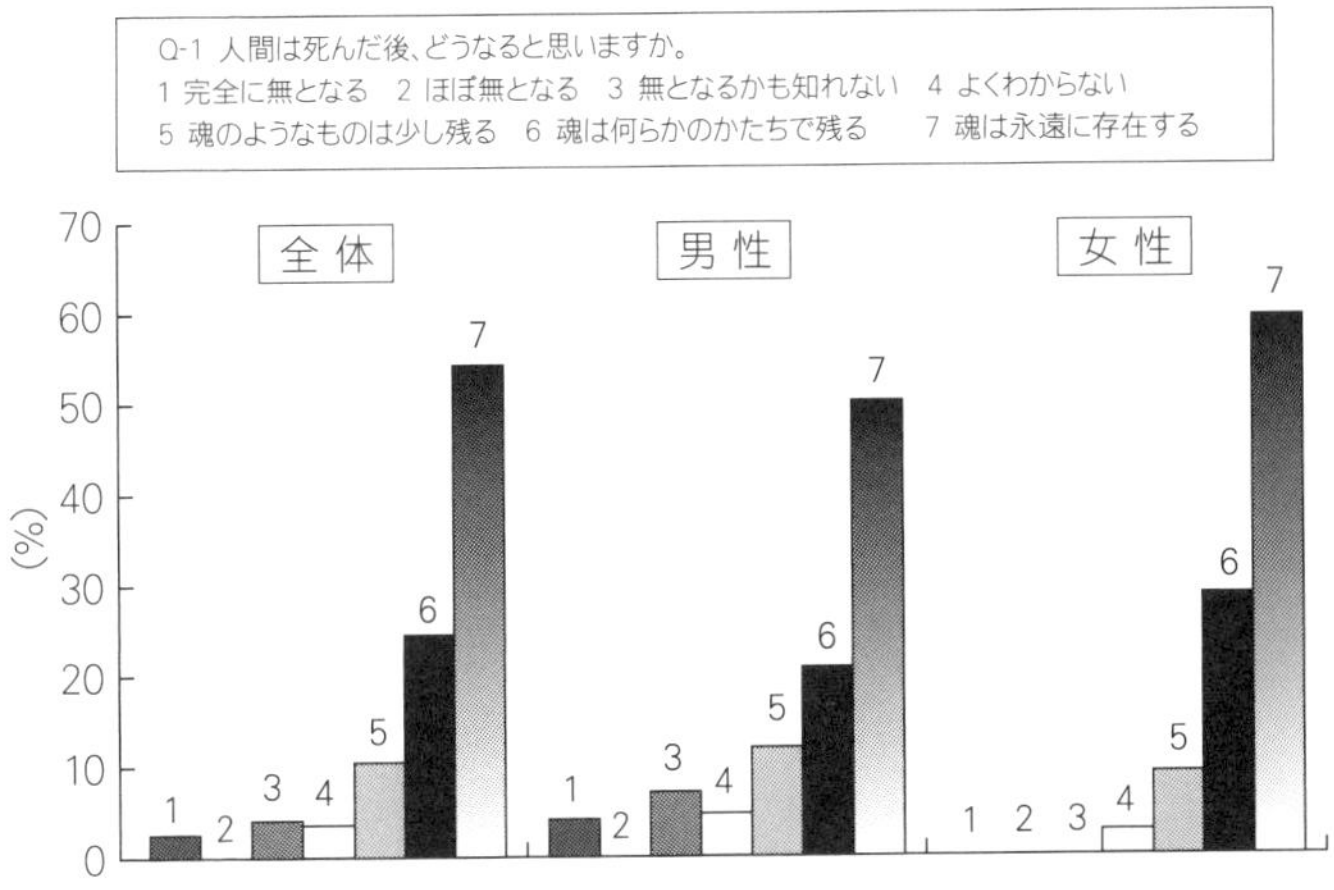

図2．「死後の生仮説」に対する回答のヒストグラム

Q-2 我々の魂は、死後、あの世でそれまでの人生を振り返り反省し、新たな人生プランを立ててこの世を再訪する。我々の魂は、「生まれ変わり」を繰り返している、という仮説を信じますか。
1 絶対に信じない　2 ほとんど信じない　3 あまり信じない　4 どちらでもない
5 少しだけ信じる　6 ある程度信じる　7 全面的に信じる

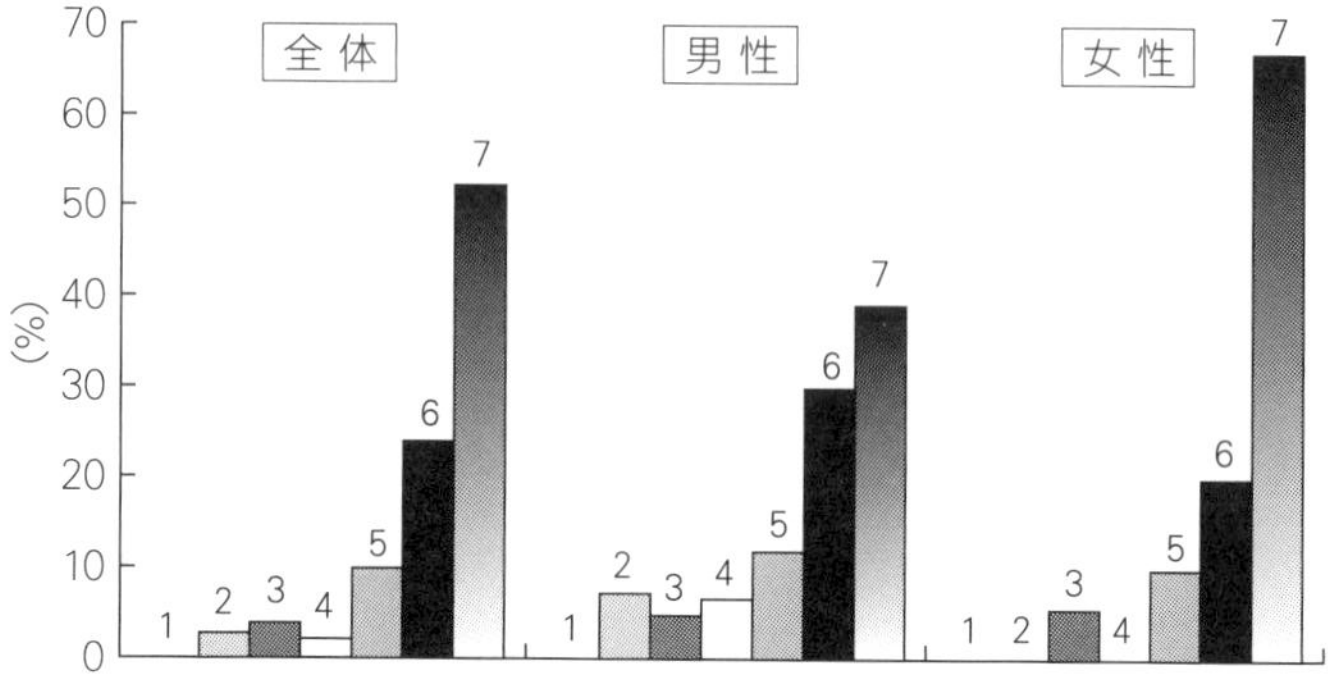

図3.「生まれ変わり仮説」に対する回答のヒストグラム

Q-3 人生は、死・病気・人間関係など様々な試練や経験を通じて学び、成長するための修業の場であり、自分自身で計画したものである。人生は魂を成長させる場、学校であるという仮説を信じますか。
1 絶対に信じない　2 ほとんど信じない　3 あまり信じない　4 どちらでもない
5 少しだけ信じる　6 ある程度信じる　7 全面的に信じる

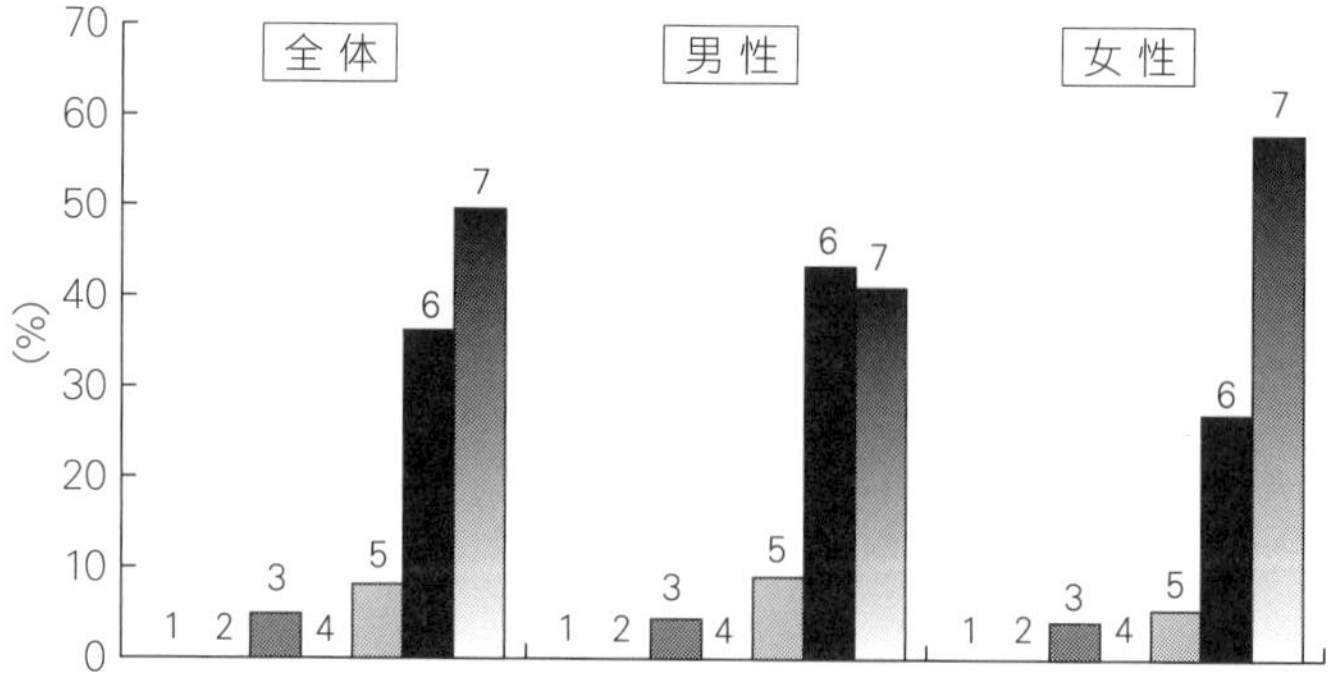

図4.「ライフレッスン仮説」に対する回答のヒストグラム

Q-4 現在出会っている夫婦、家族、友人、ライバルなどは、お互いの成長に必要であり、未来の人生でもきっと出会うソウルメイトであるという仮説を信じますか。
1 絶対に信じない 2 ほとんど信じない 3 あまり信じない 4 どちらでもない
5 少しだけ信じる 6 ある程度信じる 7 全面的に信じる

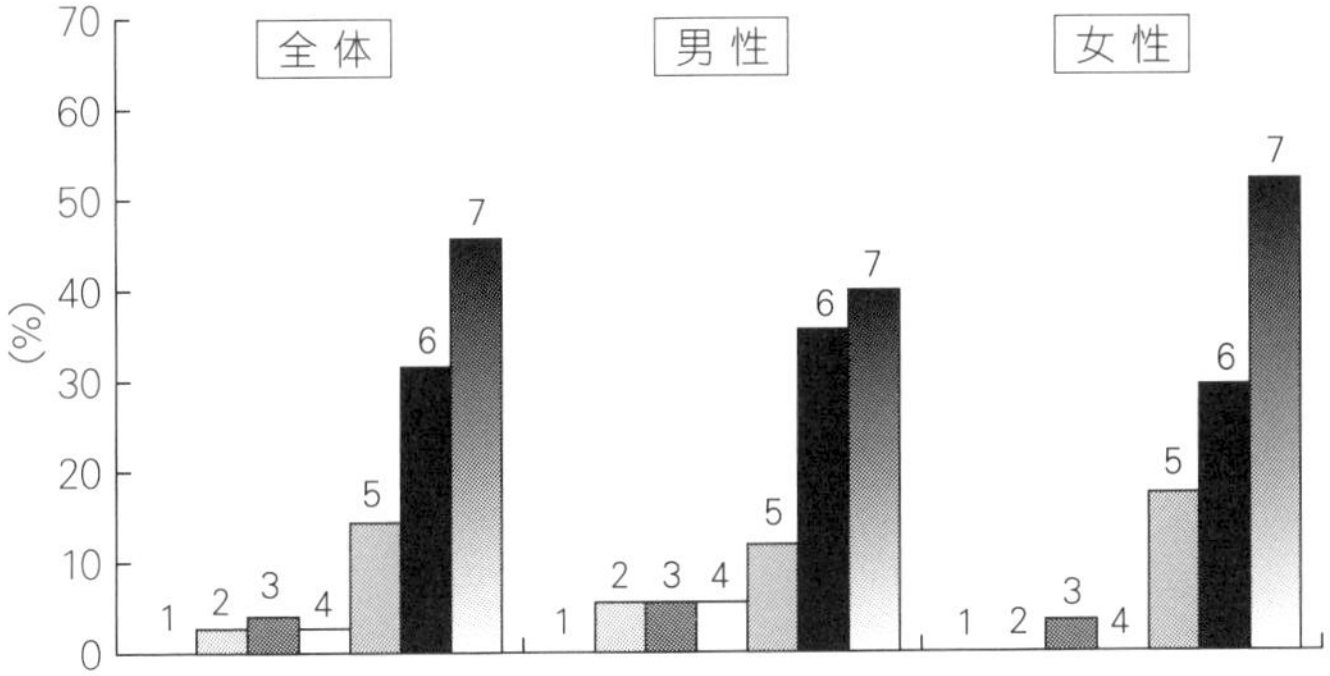

図5.「ソウルメイト仮説」に対する回答のヒストグラム

Q-5 自分が愛に満ちた行為を行えば、その愛はやがて自分にも与えられ、罪のある行為や道徳に反する行為を行えば、やがてそれも返ってくる。宇宙には因果関係の法則が働いているという仮説を信じますか。
1 絶対に信じない 2 ほとんど信じない 3 あまり信じない 4 どちらでもない
5 少しだけ信じる 6 ある程度信じる 7 全面的に信じる

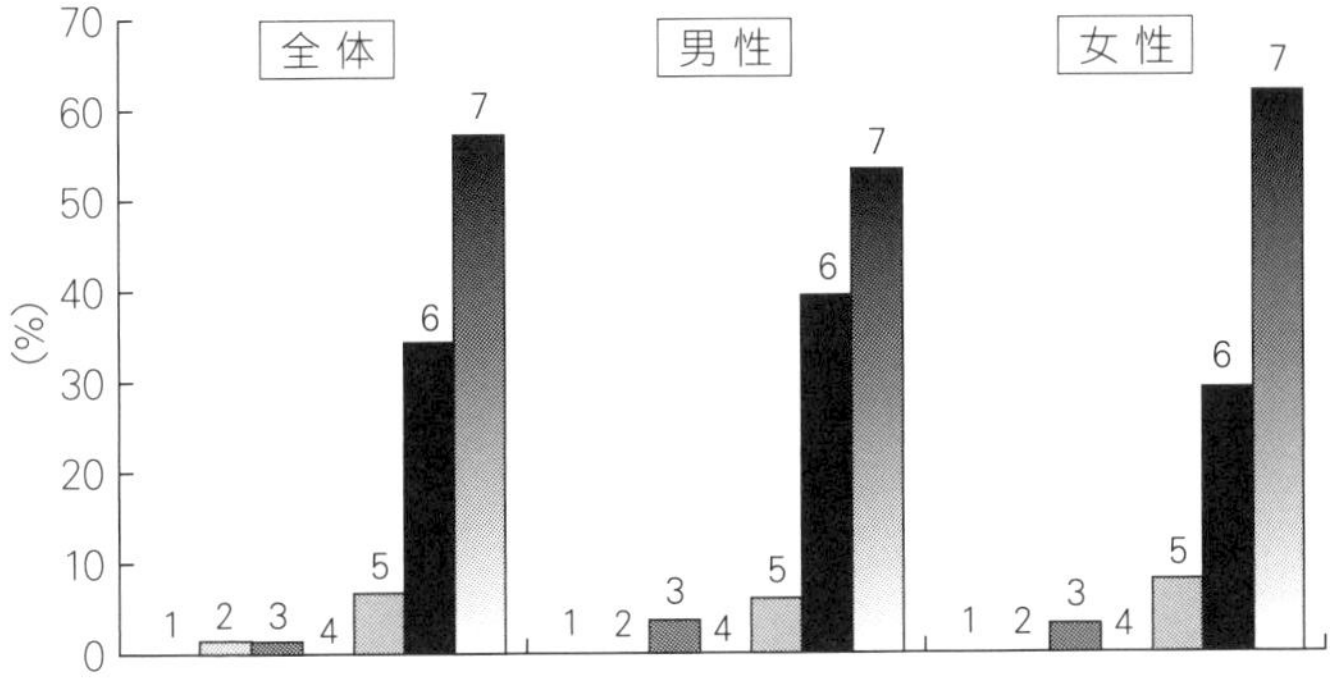

図6.「因果関係仮説」に対する回答のヒストグラム

6に示された。この結果、今回の被験者群は男女とも「生まれ変わり」や「死後の生」の存在を非常に強く受け入れる傾向をもっている事が明らかになった。著者らが大学生を対象に行なった同種の検討（未発表）では、このようなスピリチュアルな仮説を受け入れるグループと受け入れない2つのグループが存在し、それが全体の集団の中で2極化する傾向が見られた。壮年層の被験者の死生観に関する一般的傾向を示すデータが見当たらないため一概には言えないが、本研究で扱った被験者は、生まれ変わり仮説を受け入れる傾向が強いという点で、特殊な傾向をもつ集団だった可能性がある。

気功施術による生きがい感、死生観の変化

木戸が指摘するように、近年アメリカでは、スピリチュアルヒーリングや祈りの効果を科学的に厳密に研究しようという動きが盛んになりつつある。これは数年前に雑誌『ニューズウイーク』が「祈りの効果」に関する特集を組んだ頃からで、このような研究の結果、これらの現象に関する一般の理解もしだいに深まってきた（16）。これらの一連の研究成果の中で、厳密な二重盲検法を用いた遠隔ヒーリングや祈りの研究結果は、ガン、エイズ、心臓疾患などの患者に対して、ヒーラーが遠隔地から患者に知られずに回復を祈ることにより、心理指標や免疫状態が改善されることを示している（16）。また別の遠隔ヒーリン

グの実験では、受け手のヘモグロビン量、皮膚の炎症、高血圧、喘息、偏頭痛などの改善例が示されている(16)。

このように、祈りやスピリチュアルヒーリング「受け手」の身体に及ぼす影響は明らかにされつつあるが、個人の生きがい感や価値観にまで影響を及ぼすかどうかを検討した例は、これまでのところ見受けられない。そこで本研究では、スピリチュアルヒーリングとしての佐藤式気功法が、個人の生きがい感や死生観などスピリチュアルな価値観にどのような影響を及ぼすのかについて検討を試みた。その結果、生きがい感、死生観共に、気功施術による有意な変化がもたらされた。すなわち生きがい感は、気功後に、これが高揚する方向に変化し、死生観に関しては、「死後の生」や「生まれ変わり」など魂の永続性を信じる方向に価値観がシフトしたのである。特に死生観に関しては、今回の被験者が元々この種の仮説を強く信じていた傾向をもつため、一般には変化する余地が少ないものと推察するのが妥当である。しかし全ての項目で、気功後は、これらの考えが更に強化される方向へ変化した。

気功がなぜ、人間の価値観にまで影響を及ぼす可能性を持つのか。この問いに対する答えを検討する材料は、現在のところ見当たらない。人体に影響を及ぼすことは明らかであるとしても、どうしてその様な影響が現れるのかというメカニズムに関しては、ほとんど解らないというのが実状である。

臨死体験者が死の際から息を吹き返した後に、人生観の変化を報告するケースは数多い。ムーディは、臨死体験者に共通して現れる重要な心境変化について次のように説明する(46)。「息を吹き返すと、すぐにほとんど全員が、『愛は人生で最も大切なものだ』と言うようになる。人間がこの世に生を受けるのは、愛のためだと言う者も多い。このことを悟ることにより、臨死体験者のほとんどが、根本的に価値観を変えてしまう。自分の信念に凝り固まっていたものが、人間はそれぞれ大切だと思うようになり、有形の財産こそあらゆるものの頂点にあると思っていたものが、同胞愛を重んずるようになるのである。」

またモースもほぼ同様に、「臨死から戻ってきた者は、物欲的なものから開放され、『もっと人を愛し、親切にしなくてはならない』という種のことを言う」と指摘している(47)。

佐藤式気功法の受け手の中には、空中に浮揚したり上昇する感覚、さらには肉体感覚を喪失し身体から意識が抜けたような感覚、すなわち臨死体験者が語る体外離脱と同様の現象を体験したと報告する者が複数存在する。臨死体験がなぜ個人の価値観にまで影響を及ぼすのかは不明であるが、佐藤式気功法が、臨死がもたらすものと類似したスピリチュアルな体験を受け手に与え、これにより受け手の感性や価値観にまで影響を及ぼしている可能性は否定できない。

精神神経免疫学の研究成果により、人間の心と身体の関連性が明確になり、心のもちようが身体の健康状態に大きく影響を及ぼすことが解ってきた(48)。気功体験者の中には、「物事に、こだわらなくなった」、「くよくよしなくなった」などという、気持ちの変化を挙げる者が少なくない。佐藤式気功法に限らず気功やその他のヒーリングで、病気など身体の諸症状が改善されるケースは多数見受けられるが、これらの改善は、心の変化に伴ってもたらされた可能性も考えられる。いずれにせよメカニズムは未だ解明されていないが、佐藤式気功法が人間の心や身体、さらには価値観にまで影響を及ぼす事が明らかになりつつある。

現代社会は物質的な繁栄はもたらされたものの、個人の生きがい感や信念などスピリチュアルな側面も含んだ全人的なＱＯＬが高い社会だとは言い難い。この事実が、ニートや引きこもりの増加、あるいは自殺者の多発という「心の病」と関連した社会現象を生み出している可能性が考えられる。佐藤式気功法に限らず、この種のスピリチュアルヒーリングやボディワークの効用に関しては、これまで一般に正しく理解されてきたとは思えない側面がある。しかしこれらの働きかけに個人の全人的ＱＯＬを高める可能性があるならば、今後、社会の中で積極的に有効活用されるべきツールの一つと考えてよいのかもしれない。

【引用文献】

1．厚生統計協会(2003)厚生の指標　国民衛生の動向

2．PIL研究会(1993) 生きがい－PILテストつき　システムパブリカ

3．下妻晃二郎 (2001) 疾患特異的尺度「がん」 池上直己, 福原俊一, 下妻晃二郎ほか編：　臨床のためのQOL評価ハンドブック　医学書院 pp52-61.

4．野口　海・松島英介 (2004) がん患者のスピリチュアリティ (Spirituality)臨床精神医学, 33, 567-572.

5．大石和男 (2005) タイプAの行動とスピリチュアリティ　専修大学出版会

6．Brady M.J., Peterman, A.H., Fitchett, G., et al. (1999) A case for including spirituality in quality of life measurement in oncology. Psycho-Oncology, 8, 417-428.

7．Fehring, R.J., Miller, J.F., Shaw, C., (1997) Spiritual well-being, religiosity, hope,depression, and other mood states in elderly people coping with cancer. Oncology Nursing Forum, 24, 663-671.

8．Peterman, A.H., Fitchett, G., Brady, M.J., et al., (2002) Measuring spiritual well-being in people with cancer: The functional assessment of chronic illness therapy-spiritual well-being scale (FACIT-Sp) . Ann Behav Med, 24, 49-58.

9．中嶋　宏(2001)健康の定義とスピリチュアル・ダイメンション　健康と霊性―WHOの問題提起に答えて―　pp3-56　宗教心理出版

10．World Health Organization (1983) Cancer pain relief and palliative care; report of WHO expert committee, p50.

11．濁川孝志 (2005) コミュニティと福祉ウエルネス　岡田徹・高橋紘士編：コミュニティ福祉学入門　―地球的見地に立った人間福祉― pp234-245　有斐閣

12. 湯浅泰雄(2005)科学と霊性の交流時代へ　湯浅泰雄・春木豊・田中朱美編：科学とスピリチュアリティの時代　pp23-44　ビイング・ネットプレス
13. 仲里誠毅(2005)天地人合一　—気功と気・スピリチュアリティ—　湯浅泰雄・春木豊・田中朱美編：科学とスピリチュアリティの時代　pp165-170　ビイング・ネットプレス
14. 辻内琢也(2005)スピリチュアリティの残照　湯浅泰雄・春木豊・田中朱美編：科学とスピリチュアリティの時代　pp48-56　ビイング・ネットプレス
15. 湯浅泰雄(2003)霊性問題の歴史と現在　湯浅泰雄監修：スピリチュアリティの現在　pp11-50　人文書院
16. 木戸眞美 (2005) スピリチュアル・ヒーリングの科学的実証　湯浅泰雄・春木豊・田中朱美編：科学とスピリチュアリティの時代　pp297-306　ビイング・ネットプレス
17. 野村晴彦 (2005)「場」の理論からスピリチュアリティを読む　湯浅泰雄・春木豊・田中朱美編：科学とスピリチュアリティの時代　pp307-312　ビイング・ネットプレス
18. 佐々木茂美 (2005) 外気の科学的な究明とその応用　湯浅泰雄・春木豊・田中朱美編：科学とスピリチュアリティの時代　pp325-329　ビイング・ネットプレス
19. 佐古曜一郎他 (1994) 外気発功時における功能者と受け手の生体変化　人体科学　3巻1号　pp33-50
20. 木戸眞美(1995)気功で変化する意識状態の生体計測　人体科学　4巻1号　pp41-54
21. 佐藤眞志(2004)幸運を呼び込むスピリチュアル気功　ハート出版
22. Higuchi Y. et. al. (2001) : Endocrine Responses during Remote Qi Emission, J. Intl. Soc. Life Info. Sci. 19 (1) pp216-222
23. Higuchi Y. et. al. (2001) : Immune Responses during Remote Qi Emission, J. Intl. Soc. Life Info. Sci. 19 (2) pp313-320

24. Crumbaugh, J.C. & Maholic, L.T. (1964) An experimental study in existentialism: The psychometric approach to Flankl's concept of noogenic neurosis. Journal of Clinical Psychology, 20, 200-207
25. Crumbaugh, J.C. & Maholic, L.T. (1969) . Manual of instructions for the Purpose in Life test. Psychometric Affiliates.
26. Frankl, V.E. (1952) Arztliche Seelsorge. Tranz Deuticke, Wien. (霜山徳爾訳　1961「フランクル著作集２　死と愛」みすず書房)
27. Frankl, V.E. (1969) The Will of Meaning: Foundations and Applications of Logotherapy. New American Linrary. (大沢博訳　1979「意味への意志」ブレーン出版)
28. PIL研究会 (1998) PILテスト/日本版マニュアル　システムパブリカ
29. 熊野道子・木下冨雄(2003) 生きがいとその類似概念の構造 日本心理学会第44回大会発表論文集, 268-269.
30. 小林　司 (1989)「生きがい」とは何か－自己実現へのみち－　NHKブックス.厚生統計協会
31. 熊野道子 (2005) 生きがいを決めるのは過去の体験か未来の予期か？健康心理学研究, 18 (1) :12-23.
32. 熊野道子 (2003) 人生観における生きがいの２次元モデル　健康心理学研究,16 (2) :68-76.
33. Sato, F., & Tanaka, H. (1974) An Experimental Study on the Existential Aspect of Life: Part I - The cross-cultural approach to purpose in Life-. Tohoku Psychologica Folia, 33, 20-46.
34. 佐藤文子 (1975) 実存心理テスト　―PIL―　岡堂哲雄編「心理検査学」垣内出版, pp323-343
35. 佐和田重信・與古田孝夫・高江州なつ子他(2003)伝統的信仰意識が地域高齢者のメンタルヘルスに及ぼす影響についての検討　民族衛生, 69, 124-125

36. 坂口幸弘（2003）近親者の死に対する自己非難と運命帰属の関係と精神的健康に及ぼす影響　健康心理学研究，16, 10-19.
37. 與古田孝夫・津　宏・秋坂真史他(1999)大学生の自殺に関する意識と死生観との関連についての検討　民族衛生，65:81-91.
38. Spilka et al.（1977）Death and personal faith: A psychometric investigation Journal for the Scientific Study of Religion, 16:169-178.
39. Templer, D.I.（1970）The construction and validation of death anxiety scale. Journal of General Psychology, 82:165-177.
40. 金児曉嗣（1994）大学生とその両親の死の不安と死観　人文研究大阪市立大学文学部紀要，46:1-28.
41. 小林史和・木村一史・工藤勇人他(2002)地域住民および学生における「死のイメージ」に関する意識調査　－８年前と比較して　保健の科学，44, 719-725.
42. 飯田史彦(2003) CD付新版　生きがいの創造　PHP研究所
43. Weiss, B.L.（1988）Many Lives, Many Masters. UNI Agency（山川紘矢・亜希子訳 1991 前世療法 PHP研究所）
44. Weiss, B.L.（1992）Through Time into Healing. UNI Agency（山川紘矢・亜希子訳1993前世療法２ PHP研究所）
45. 飯田史彦・奥山輝美(2000)生きがいの催眠療法　PHP研究所
46. Moody,R.A.,"The Light Beyond",Sobel（1988）Weber Associates, 笠原敏雄訳「光の彼方に」TBSブリタニカ, 1990年
47. Morse, M.& Perry, P.（1994）: Parting visions, Sobel Weber Associates, 池田真紀子訳(1996)：『死にゆく者たちからのメッセージ』同朋舎出版
48. 大石和男（1996)「病は気から」を科学する試み―精神神経免疫学における最近の動向―　専修大学体育研究紀要　20号　pp1-12

竹谷徳雄さん

富山県の黒部市民病院小児科の医師である竹谷徳雄先生は、O-リングテスト診療の認定医としても活躍されています。O-リングテストは創始者であるニューヨーク在住の大村恵昭教授から直接教えをいただいたそうです。

竹谷先生は、二十六年間の小児科診療を通じて、患者さんを救うためのよりよい治療法を探求する中で、西洋医学のみならず、漢方や気の研究を深めてこられた方です。その真摯な態度には頭が下がる思いがします。

今回は佐藤式気功を利用した「気功の紙」の作成により、O-リングテスト診療として独自の治療法を編み出し、効果をあげていらっしゃいます。医療の新しい分野を切り開く試みとして、竹谷先生の研究には今後も大いに期待しています。

❹ 佐藤式気功体験後のO《オー》-リングテスト診療の変化

竹谷徳雄さん　黒部市民病院　小児科

『スピリチュアル気功』に出会い、佐藤式気功で体外離脱ができる可能性があるということを知り、もし実現できるとすれば、ハイアーセルフに出会うことができ、これまでのストレスに満ちた生き方に変化が現れるのではないかと期待して、平成16年12月25日に佐藤式気功を体験しました。私自身は5回の施術で体外離脱には至りませんでしたが、小児科診療の一環として行なっているO-リングテスト診療の内容に大きな変化が見られましたので、その経緯をまとめるとともに、気功について考察してみました。

小児科でO-リングテスト診療を行なう際、常に問題になるのが、子供が長時間じっと座って検査に協力できるかどうかという点です。とくに自閉症などの発達障害の児童では、新しいことへの拒否反応も加わり、本人で調べることは非常に困難になります。その対策として、本人が落書きしたHandwritingや、毛髪に含まれる情報から病態を推測することを行なってきましたが、それらに患者情報が十分に含まれているとは限らず、限界がありました。そんなことで、患者ごとに作成し、治療に用いている「気功の紙」に患者情報が含まれるかどうか調べております。

紙などに気を転写できることは、O-リングテストの創始者であられるニューヨーク在住の大村恵昭教授が１９９０年初めに論文に発表され、治療に応用されておりますが、重ねた紙に気功エネルギーを蓄えた場合、同じ面の一方がO-リングテストで筋力が強くなるプラス（＋）の反応を示すようになり、反対の面は筋力が弱くなるマイナス（－）の反応を示し､極性を持つようになります｡（＋）の面は生体にとって有益な作用を及ぼす一方、（－）の面はまったく正反対の性質を示します。

その臨床的効果の違いを大村先生の論文から引用しますと、（＋）の気は、①血液循環を改善（血管拡張）し、血中・組織のトロンボキサンB_2（TxB_2）を減少させる。②疼痛を軽減、消失させ、血中・組織のサブスタンスＰ（Sub-P）の減少やβエンドルフィン（β-End）の増加をもたらす。③筋力を増強し、④筋の痙攣を柔らげる。⑤薬の病巣への取り込みを亢進させる。⑥正常細胞のテロメアを増やし、癌細胞のテロメアを下げるなど、多彩な作用を発現します。

一方（－）の気は、①血液循環を障害（血管収縮）し、血中・組織のトロンボキサンB_2を増加させる。②疼痛を増強し、血中・組織のサブスタンスPの増加やβエンドルフィンの減少をきたす。③筋力を低下させ、④筋の痙攣を強める。⑤薬の病巣への取り込みを低下させる。⑥正常細胞のテロメアを減らし、癌細胞のテロメアを上げるなど正反対の作用を及ぼし、貼る面を間違えると良くなるどころか却って悪くなる可能性があり、治療上、重要なポイントであることを報告しておられます。

以前は、「気功の紙」を大村恵昭教授が1992年に発表された論文に沿って、光や患者さんを鮮明にイメージして作成していました。その具体的方法は、大村先生が有名な中国人気功師を対象に、気功中に見られる経絡上に現れる特異な変化を調べ、そのような変化を引き起こすに必要な条件を列挙されたもので、次のようになります。

1. 下丹田として一般に知られている下腹部、とくに気海よりは石門に当たる臍より下に意識を集中させる【意守丹田】。
2. 腹部を緩め、深くゆっくり呼吸する。
3. 肛門括約筋を収縮させて、できるだけ高く肛門を引き上げる。

4．大きな輝く光の球体をありありと心に描く（visualizing）。そして、
5．光の球体が患者の病的部分を被うように、ありありと心に描く。そして、
6．（上記の5ステップ全てを同時にしながら）指、または指と手をちょうどチューブのような形を作って、患者の病的部位に向ける。

以上のような方法を用いて気を出し、「気功の紙」を作成してきました。しかし、能力の限界もあり、（＋）の面にはある程度治療効果のあるエネルギーを蓄積できましたが、患者情報は乏しく、海馬や扁桃体が本人でみると明らかに障害されているにもかかわらず、「気功の紙」からはそれらの情報を引き出すことはほとんど不可能でした。

そんな折、O-リングテストの介助者をつとめる気の感受性の強い自分の妻にもぜひ佐藤式気功を体験してもらいたいと考え、平成17年3月6日に佐藤式気功の第1回目の施術を受けてもらいました。その時はとくに変化がなく不思議な気功という印象のみでしたが、5月9、10日に第2、3回の施術を受け、3回目に体外離脱準備段階に達し、現実感が消失したような変性意識状態を体験しました。そのまま体外離脱したと思われますが、未知の体験への積極的な興味のなさが踏み止まらせたのかもしれません。その後は家庭に

O-リングテスト（指の筋力の変化）で何が分かるか？

1．異常部の発見・筋力低下（病的圧痛点に代わる鋭敏な検出法）
2．生理的反応・筋力増強（薬剤の適合性・適量，各種健康法の是非）
3．共鳴反応・筋力低下（臓器・癌のイメージング，経穴・経絡のイメージング，病原菌の同定，金属・神経伝達物質などの同定）

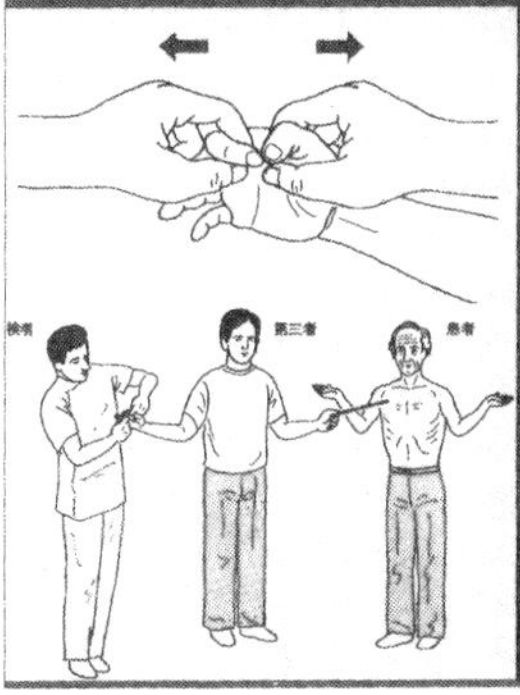

佐藤式気功の特徴ー収縮気，拡大気の組み合わせ

他の気功法に比べ、大きく違うところが二つあります。一つは、一度受け手とコネクトすると、意識集中することなく,自由に行動しながら気を送れること。二つ目は、心身に無理なく,体外離脱が起きることです。なぜ、このようなことができるのでしょうか。

一つ目の理由は、一般の気功は,外界から気が体内に入ってくるが、佐藤式気功は,内界から体内に気が入ってくる（気が湧いてくる）ためです。 二つ目の理由は、意識エネルギーに２種類あり，収縮気と拡大気に本質的な違いがあることです。

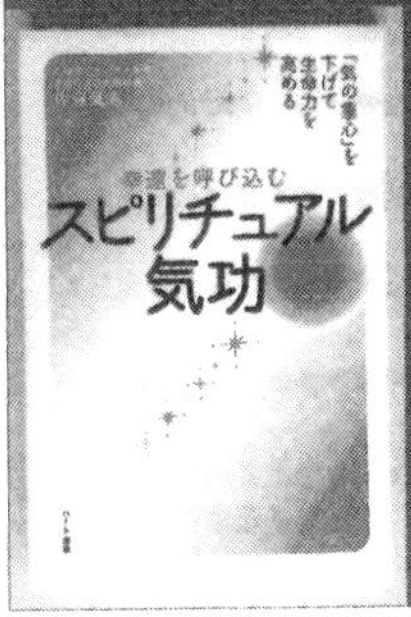

名刺に収縮気，拡大気それぞれの気を入れてもらう気が入ると名刺の片面は強いプラスに，反対面は強いマイナスに変化する。プラス面に蓄えられた気のエネルギーを，O-リンクテストで評価した。

プラス　プラス　マイナス　マイナス

不幸があって中断してしまいましたが、妻が作成する「気功の紙」に変化が現れてきました。

第3回目の気功を受け、変性意識状態を体験した後では、「気功の紙」の作り方が大きく変わりました。対象者の最善を願って、その人の顔をありありと思い描き、意識して気を入れるのに変わって、その人にふさわしいエネルギーが与えられるよう、その人と一体化し、同化して自他の区別がない夢うつつの変性意識状態に陥るのを、祈るような気持ちでひたすら待ち、達成できた時点での「気功の紙」には、両面にそれぞれ異なった生体情報が含まれるように分かれるのです。（＋）面には機能の良い方の左右の脳のいずれかの生体情報が十分に含まれ、（－）面には悪い方の脳の情報が十分含まれることが判明しました。

実際の症例を少し紹介しますと、脳波やＭＲＩなどの画像上で病巣が同定された右・側頭葉てんかんの学童の例では、病巣に一致した右脳の病的情報が（－）面に現れ、右の海馬や扁桃体が強く障害されていること、さらにそれらと線維連絡のある記憶に関与するPapezの回路の脳組織にも異常が及んでいることが、紙の上での脳組織との共鳴の程度から知ることができました。一方、良好な左脳の情報は（＋）面に現れておりました。

また、言葉を発しない重度の自閉症の患者さんでは、言語野を含む優位脳である左脳が

「気功の紙」の特質

1．大村恵昭教授によって，1900年始頭，気功エネルギーはいろんな物質に蓄えられる事が報告された（紙，ガーゼ，絆創膏，プラスチック，ガラス，石，水など）。
2．重ねた紙に気功エネルギーを蓄えた場合，紙の同じ面（表または裏）には（+）の気，反対の面には（−）の気の極性を持つことが，O-リングテストで判明した。
3．（+）と（−）の気は全く正反対の性質を持ち，（+）の気は生体にとって有益な作用を持つため，（+）の面を用いて臨床的に応用できる。
4．「気功の紙」は強い電磁波に曝されたり，同じ極性を持つ面を接触させると，エネルギーは瞬時に消失する。それを防ぐ目的で，1枚1枚アルミホイルで包んで保存する。

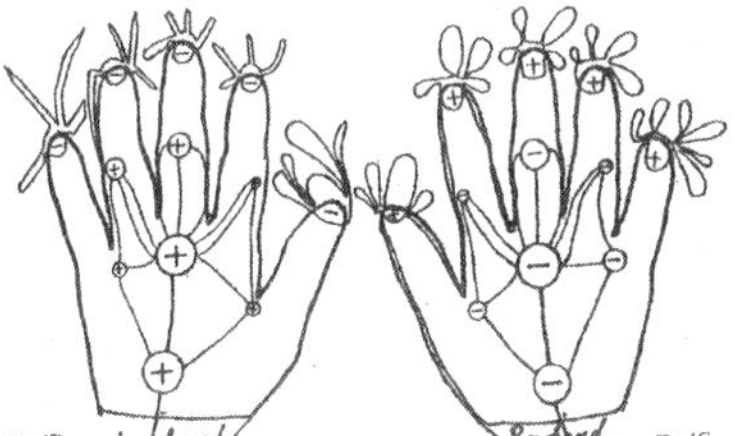

Fig. 1D　Fig. 1C

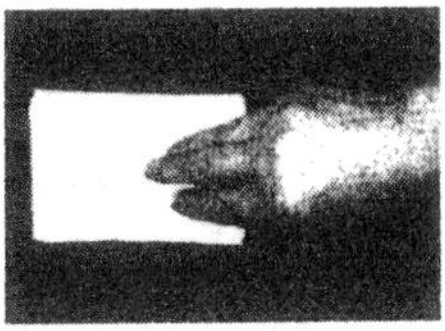

「気功の紙」の応用

1．対象者の最善を願って，その人の顔をありありと思い描き，意識して気を入れる。
「気功の紙」の（−）の面には対象者の有するかなりの情報が転写され，（+）の面にはその情報を打ち消すような，対象にとって好ましいエネルギーが含まれる。
2．佐藤式気功体験後は，その人に相応しいエネルギーが与えられるよう，その人と一体化し，同化して自他の区別がない夢うつつの変性意識状態に陥るのを祈る様に待つ。
この時点での「気功の紙」の（−）面には対象者の全ての情報が転写されるようになる
3．「気功の紙」の（−）面から，O-リングテストを用いて，対象者の有する情報を検出し，病気の診断やその人の現在の状態を正確に判断できる。また，（+）の面を病巣部に貼付する事によって治療することや，その人の今後の望ましい方針が立てられる。

・50歳，「気功の紙」作成者の検査結果（10/1'05）】

神経伝達物質（普通の人の値）	(−) の面	(前頭葉の実際の測定値)	(+) の面
Acethylcholine (Ach, 3000)	4510 μg	(4900)	5561 μg
Serotonin (Ser, 2000)	591 μg	(590)	2970 μg
Dopamine (Dop, 2500)	3301 μg	(3361)	1340 μg
Norepinephrin (Nor, 2500)	2900 μg	(2680)	3953 μg
γ-Amino-butyric Acid (GABA, 2500)	7300 μg	(7290)	2810 μg
l-Glutamic Acid (L-GA, <1)	<1 mg	(<1)	<1 mg

より障害されていて、左脳の情報が（－）面に現れ、それに対して、会話が十分に可能な高機能自閉症では、左脳より右脳がより障害され、右脳の情報が（－）面に表現される結果でした。

アセチルコリンやセロトニン、ドパミンなどの神経伝達物質をO-リングテストで測定しますと、その障害の程度に応じ、（－）面は（＋）面に比してより低値を示します。しかもその数値は左右の大脳皮質の値を代表し、必ずしも最も強く障害された病巣（例えば海馬や扁桃体）の値を（－）面が示すわけではなく、また、障害を受けてない機能の良い脳組織の値を（＋）の面が示すわけでもありませんでした。

神経症状を訴えない健常児では、測定値は両面でほぼ同じように高い値を示し、左右の大脳を有効に働かせていることがうかがわれます。

また、神経障害を引き起こすような原因に対しても、感染の有無などの検索が「気功の紙」から可能になりました。神経細胞に持続感染するヘルペス属ウイルスの感染の有無をO-リングテストで調べますと、前述の右海馬硬化症を呈した側頭葉てんかんの学童では右側では単純ヘルペス・タイプ1が高濃度に検出され、左脳ではタイプ2が中等度に検出されています。これまで単純ヘルペス初感染の既往歴がまったくないにもかかわらず、血中単純ヘルペスウィルス抗体価は高値で、たぶん周産期に感染し、潜在的な炎症が持続し、学童期になって、てんかんとして発症してきたものと考えられます。しかも、異常を示す脳組織の分布から、外界に接する嗅粘膜に分布する嗅神経にまず感染し、嗅索、内側嗅条、外側嗅条を介して、扁桃体、海馬などの深部へと広範囲に波及して行ったと思われる感染経路を推測することも可能になってきました。

以上のように、新たに作り方を変更した「気功の紙」から、患児の病的情報を引き出すことができ、その結果、診察前に患児の病状の概略を把握して臨めるので、診察がスムーズに行なえるようになってきています。診断の一助になるばかりでなく、治療としてツボへの刺激にも使用でき、現在「気功の紙」は診療に欠かせないものになりました。

このような「気功の紙」における変化はなぜ起こったのでしょうか。佐藤式気功の特異性も含め、気の本質についてさらに追求していく必要性を感じた次第です。

大村恵昭教授は気功の研究のモデルに中国の気功師を選び、気功中に上・中・下の丹田がO-リングテストですべてプラスからマイナスに変化することを発見しております。つまり、古来気の出入り口として重要視されてきた7つのチャクラがすべて閉じた状態で、体内で気を高め、手から放出している様子がうかがえます。大村先生が論文の考察の中で述べておられますように、施術で外気功を行なうと下腹部の消化器系に障害が生じることがあったり、以前からあった腸や呼吸器の問題が悪化するなどの危険性を指摘し、安易に行なうことを戒めています。

身体から意識的に無理をして出す外気功に対して、養生のための内気功がありますが、こちらは気のめぐりを良くし、天と地の気を受け、自ら健康になる方法です。佐藤式気功はむしろ内気功に近く、リラックスした状態で「大いなる宇宙の本質」、Something Greatにコネクトし、そのエネルギー（拡大気、収縮気）が湧き上がるのを待つ気功のように思えます。気の充足が十分で、気に満ちあふれ、「収縮気」と「拡大気」の気のバランスに変化が生じた時、体外離脱を起こしてくるのかもしれません。

これまで、「気功の紙」を作る際、患者情報を取り入れるためには、自分で高めた気のエネルギーでは不十分でした。そこで、高次の情報源（大いなる宇宙の本質）にアクセスする必要があり、佐藤式気功を体験する必然性があったものと思われます。患者さんをイメージしながらも、自分の意識・現実感がなくなり、うつつの中でSomething Greatにお任せする、受け身の状態ではじめて得られるものと考えられます。

結論として、これまでの気の概念を大幅に変える必要が出てきました。気は人間が意識して無理に出すものではなく、自然界に満ちあふれた気を受けるもの、授けられるものです。佐藤先生は自分の役目はSomething Greatにクライアントをコネクトしてさし上げることと控えめに話されますが、気のエネルギーを十分に受け取れるかどうかは、その人の状態（深いリラックスした状態、瞑想状態）に左右されるものと思われます。Something Greatにしっかりとつながった時には、その完全性が現実のものとなって発現し、奇跡が起こったり、「気功の紙」に変化が生じたりすると考えています。

最後に、今回紹介しましたような方法論、知見が直ちに受け入れられるものとは思っていません。ただ、実に不思議な現象が見られるものだといつも感心しています。目に見える世界、物質的な世界とは異質な精神世界、情報・ネットワークの世界を、「気」の働きを通して少しばかり知ることができました。

O-リングテストを用いることによって、それをより具体的な形で理解することができますが、その信憑性は今後の多くの人々の検証を待たなければいけませんし、実際に多くの悩める人の助けに役立つのか、謙虚にトライして行く必要があります。また、佐藤式気功によって多くの方が体外離脱を体験され、高次元の世界が存在することを知り、おごりを捨ててより良い世界に変えて行く原動力になれればよいと願っています。

【O-リングテストに関する参考資料・文献】

1. 図説　バイ・ディジタルO-リングテストの実習
大村恵昭著、医道の日本社
2. 未来医療　O-リングテスト
児玉浩憲著、医道の日本社
3. 大村恵昭文献リスト：65編（英文）
4. Bi-Digital O-Ring Test 春期セミナー'2006（昭和大学　東京）

小坂正さん

小坂正先生は、池袋で整形外科を開業されています。小阪整形外科のホームページにもあるように、「良質・的確・快速」をモットーに、誠実に医療に取り組んでいる先生です。小坂先生はお忙しい診療の傍ら、佐藤式気功の上級者一日セミナーにも参加され、最後には気の重心が「宇宙の中心」まで下がりました。統合医療の実践者として毎日の診療に気功を取り入れ、素晴らしい治療効果をあげていらっしゃいます。中でも、ここに紹介する中華料理店店主(男性)の臨床例は、奇跡的ともいえる回復を示しています。今後は、西洋医学と東洋医学の双方の間の風通しがよくなり、患者さんにとって必要かつ最善の方法で治療に当たってくださる小坂先生のような医療者が一人でも増えることを願っています。

❺ 医学常識ではあり得ないことが起きてしまった

小坂正さん　小坂整形外科　院長

『スピリチュアル気功』の本を読み、電話で申し込みましたら、たまたまキャンセルの空きがあり、長く待たなくても気功を受けることができました。平成17年1月に初回の気功を受け、5回を修了するまでに徐々に気の重心が下がり、最後には「宇宙の中心」まで下がりました。毎日、自己トレーニングをしながら診療でも少しずつ気功を試みてみましたが、7月に開催された上級者一日体験セミナーに参加して積極性が出てきました。

セミナーでは送り手と受け手がペアになって気功の実践を行ないますが、送り手として複数の人に気功を行なったら、とても温かさを感じるとか、気の広がりを体感できたと言われました。また、受け手になったときは、一人ひとりの送り手には個性があるんだとさまざまな気を感じました。それも3分間の気功なのにしっかり感じるんです。

実践セミナーのあと懇親会を開いてくれたのですが、さまざまな話が出て参考になりました。さらに新宿までの電車内での話も非常に楽しいものでした。佐藤気功センターには、本当に良い人が集まるんだなと思いました。

翌日からはもっと気功を診療に取り入れるように試してみているうちに、衝撃的な臨床例を経験したので、医者として皆様に報告します。

夫婦共に当院に通院歴のある47歳の男性、中華料理店の店主が下半身のマヒで東京医科歯科大学付属病院へ搬送され入院し、「脊髄梗塞、治療法なし」と診断告知されました。

奥様に頼まれて病院のＩＣＵ（集中治療室）へ夜の面会時間に行ってみると、確かに重症な半身マヒで、脊髄梗塞という診断は妥当なものでした。私も整形外科医として、脊髄マヒの非可逆性（治らない）、悲惨さは十二分に知っていましたが、統合医学の勉強をするうちに違う可能性を信じるようになってきていたので、ベット際で40分間ほど初心者ですが、気功を試みました。わずかに趾尖《しせん》が動くかなという程度だった足がかなり動いたので、可能性を感じ、見込みはあると話して帰りました。

翌日の昼、男性は外出許可をもらって、友人のワンボックスカーに乗せられて当院へ来ましたが、下半身マヒのため、車椅子に乗せてもずり落ちてしまう、トコロテンのような状態でした。何とか診察ベットへ移して、寝かして30分間気功をすると、もう帰る時間を

奇跡的に回復した男性

超過していたので抱え起こそうとしたら、患者さんはそれを手で制して自分で起き上がり、ベットの横から足を床に降ろして、近くの衝立《ついたて》を手でつかんで立ち上がり、しっかり直立して、少しの介助で自分で車椅子に移動しました。

　私は予想もしない事で本当に驚き、奇跡を見る思いでした。嬉し涙にくれる奥様に、大学病院では治療できないので、通院して治しましょうと話しました。退院後は、通院で治療しましたが、日毎に劇的な改善をみせ、（数週間から数ヶ月を要するべき変化を一日で示す）、入院後3ヶ月もたたない10月末には、男性は以前の店を閉め、池袋に新しい店をオープンし、今ではオーナシェフとして奮闘しています。重い中華なべも片手で扱えるようになり、次々と料理の注文をこなすまでになりました。

　マヒ症状は、まだ二割程残存し、万全な体ではないが、完全に不可能だった排尿も、今ではほとんど普通にできます。この経験は私には、決定的でした。回心し、検査と薬と手術の医学の檻から脱出しました。

大学病院からの紹介状は次のとおりです。


【症状、治癒経過および検査結果】


平素より大変お世話になっております。

8月8日朝8:30頃、右脚の疼痛を伴う痺れを自覚しました。無理して仕事に向かいましたが、10:30頃には左脚の麻痺も出現し歩行不能となりました。来院時、Th6以下の感覚障害と両脚（左＞右）の運動麻痺を認めました。発症日はMRI上病変認められませんでしたが、8月10日に再度MRIを撮影したところ、Th5-7領域にT2WIにて高信号領域を認め、脊髄梗塞と診断いたしました。

現在患者様は、Th6以下の疼痛を伴う感覚障害（左＞右）、左脚優位の運動麻痺が認められています。また、8月8日は朝から排尿なかったことから排尿機能が保たれていない可能性が高いと考え、尿道カテールを挿入しております。上肢には異常認められてはいません。明日からリハビリを開始する予定でしたが、患者様が貴院での加療をご希望されました。お忙しい所大変恐縮ではありますが、今後の加療継続を宜しくお願い申し上げます。

4章

体験者が語る「感動の出会い」

佐藤式気功によって癒された方からさまざまな
「変化」の報告をいただきます。
ささやかな身辺の変化から劇的な人生の変化まで。
そんな癒しのネットワークが少しずつ広がっています。
一人でも多くの方が自分を癒し、その癒しのパワーで
周りの環境を癒してあげましょう。そうすれば、
あなたの周りから、世界も変わりはじめます。

❶ 対面式外気功と遠隔気功を体験して

自分の使命に気づき、今後の医療の発展のために尽くすと誓う

横山栄一さん　36歳　整体師　横山総合施術院

不思議な能力が顕れた日

私が小学校の4年生のことです。そばでクラスの友達が先のとがった1メートルほどの竹を振り回して遊んでいました。つぎの瞬間、その友達が投げた竹の先が、誤って私の眉間に刺さってしまったのです。あと数ミリ深く刺さっていたら死にいたるほど、物凄い出血とともに意識は遠のいていきました。

病院での処置の後、大事にはいたらなかったのですが、それから3ヵ月以上、眉間が痛み夜も眠れない日が続きました。痛みがおさまってきた頃から今度は、夜になって部屋が

暗くなっても目を閉じると明るく光がまぶしいことに気が付きました。その頃から家族には見えないものが見えたり、声が聞こえたり、透視のようなことができたり、自分は頭がおかしくなってしまったのかと悩み、このことは家族や周りの人には言ってはいけないことだと子供ながらに思っていました。

苦しい日が続いたある日、ふと自分の手をみながら「これはなんだ！」と手のひらをボーっと見つめていましたら、遠い記憶がよみがえってきたのです。美しいエメラルドグリーンに輝く星が見えてきました。なんとも不思議な懐かしい気分になったことを覚えています。

人は自分の身体を自分で治療することができる

それから何十年もたち、いつしかそんな記憶はすっかり忘れてしまっていました。大人になった私は、あの時の怪我がきかっけなのかは定かでありませんが、自分の体を瞬時に治せる能力をもっていました。体育の授業で跳び箱から落ちて股関節を痛めたとき、どこの接骨院や病院でも治らなかった骨が、意識を集中すると動き出し治癒したのです。この感覚を思い出し、この力をつかって痛みや病気で苦しむ人を治したいと思いました。

人は自分の身体を自分で治癒できるという能力を誰でも持っていることを、子供の頃から自然になんの疑いもなくもっていました。電気系会社を継ぐために工科大学まで出してくれた両親の反対をおしきって、施術家の道を選びました。しかし、患者様はどんどん増え癒されるのに、なぜか自分の体調は悪くなってしまうのです。エネルギーの消耗が激しく、心配した妻の強引なすすめで佐藤式気功を受けることになりました。ここから先生や奥様と出会いが始まりました。

自分がこの世に生まれた使命を知って

佐藤先生の気功を数回受けたあるの夜のこと、突然、あの子供の頃の記憶がよみがえってきたのです。自分がどんな存在だったのか。私は光の球体（意識体）だったのです。ひとつの光の球体（意識体）が私のそばにきて「地球にむかうよ」と言うのです。それが今の妻です。ほかにもたくさんの意識体が地球に向かっていきました。私はこのときの記憶が強くよみがえってきて涙がでました。なぜならこの

横山栄一さん

時、私は「地球には行きたくなかった」という感情がよみがえってきたからです。しかし、妻をはじめ地球を守るため他の惑星からきた者（光の球体）たちまでも、地球を目指すというのですから行かざるをえなかったのです。今でもその時の「感情」が鮮明に残っています。

それから十日後、佐藤先生のお宅にお邪魔した時のことです。施療がおわって、佐藤先生の奥様が静かに話されました。「あなたは地球を守るスタッフの意識体を癒すためにここに来たのですよ。私はあなたがこの星に来ることを聞きつけて、少し早くきて待ってましたよ。」私の直感と同じことを佐藤先生の奥様は答えて下さったのです。なぜなら、あのとき先に向かった意識体である妻との再会は、まさに奥様のおっしゃるとおりだったのでした。

五年前、妻は僕の施術院の患者として目の前に現われました。「先生どこかであいましたっけ？　私、もう生きるのが辛いのです」と悲しそうに笑った妻の身体はボロボロで、生命力は失われかけていました。妻はガラスのように透明な心の持ち主です。私と同じように直感と予知能力をもち、会社という手段を使い、たくさんの人を救っていました。

しかし環境の破壊が進む地球、戦争、テロ、現実という複雑な人間関係の中で、自分の使命を見失い力尽きてしまっていたのです。その時、直感的に「私はこの人を助けにきた」

のだと感じました。そして、佐藤先生との出会いによってあらためて、あのとき地球に向かったたくさんの光の戦士たちのために「私の使命は地球を守るスタッフの意識体を癒すためにこの地球に生まれてきた」ことを確信したのです。いや、思い出したのです。

佐藤式気功と共に、人を癒し医療の発展に尽くしたい

佐藤先生ご夫婦にめぐり合えて人生が大きく変わりました。私はやっと自分の人生の目的を果たす道に立った気がします。佐藤先生の気功の力も重なり、気の重心も宇宙の中心に下がり、身体の力がわいてきて、エネルギーもあふれて来ました。心配をかけた妻からは「見違えるほどたくましくなったね」「あふれ出た分だけ皆さんにおすそ分けしてね」と言われます。自分の使命を理解してからは全ての迷いが消えました。施術家として、人を救いたいと思う気持ちは佐藤式気功とも共通すると思います。目には見えない「気」の存在を、長年にわたり科学的に証明しつづけ、だれにでも分かりやすく広めながら、私たちの一歩前を照らしながら歩いてこられた佐藤先生や奥様のご努力と情熱には感謝するばかりです。

今後は、私の今までの施療に佐藤式気功を応用しながら、一人一人患者様を癒すかたわら、佐藤先生と共に、科学と医学の発展のためにあらゆる研究に参加することになりまし

た。現在、生まれ変わった妻が医療コンサルタントとして使命を果たしている、上毛泌尿器科記念善衆会病院での統合医療プロジェクトにも参加し、今後の医療の発展のため、そして未来の子供たちのための、安全で有効な施療と研究に自らを寄与する所存です。

やっと探し求めた気功と出会って

平川千代子さん　42歳　女性　農業

この世に生かしてもらう幸せを感じて

私は夫婦でトマト栽培をしていますが、トマトを食べてくださったお客様が元気になることはもちろん、幸せになっていただきたいと以前から願っていました。そして、主人が健康になってくれたら良いと思っていました。主人は若い頃から胃腸が弱く、アレルギー性鼻炎があり、ここ7～8年は高血圧の薬を飲んでいます。疲れがたまってくるとヘルペスや肩こり悩まされていました。

平成17年6月に対面式外気功を受けて、2～3日過ぎた頃から自分が抱えているストレスの原因が何か気づき始めました。原因を確認できた時からそのストレスを感じなくなりました。ちょっと疲れたと感じた日でも、自己トレーニングやおこぼれを頂戴すると元気になります。6月14日から7月24日まで5回の対面式を受け、気の重心は足裏まで下がりました。その後、起きている間は自己トレーニングを行なっています。

9月中旬には上半身が透明で肉体感覚がなく、気の重心は地球の中心かなと感じました。簡単に気の重心を確認できるので、一日のうちに何度か気の重心をチェックしています。佐藤式気功はすべての問題を解決してくれる気功だと思います。おかげさまでどんな生き方をしたらいいのか、人生の指針が見つかりました。

平川千代子さん

私が気に興味を持ち始めたのは、今から20年ほど前になります。テレビで気功の番組を見たのがきっかけです。その頃はまだ育児や農作業に追われ、勉強する機会がありませんでした。今から3年前にたまたま知り合いから気功マッサージを受ける機会があり、それから私も気を感じるようになりました。気を感じるようになってから、気に関する本を何冊か読みました。佐藤先生の『スピリチュアル気功』を書店で見つけ、そこには『気は全宇宙的につながる霊的エネルギーです。それはすなわちサムシング・グレートに通じる道でもあります。』と書かれていて、私に共感するものがありました。一ヵ月後には、何の不安もなく佐藤先生の所に自然と足が向いてしまったのが不思議です。実をいうとこの年になるまで一人で新幹線に乗ったことがありませんでした。

私は幼い頃から強運というか、ツイている人間だと思います。事件・事故の直前直後に度々遭遇します。その度にいつも誰かに守られているんだと感じます。何か見えないけど大きな力に動かされているように感じます。真冬生まれの私は、生後2日か3日目頃、布団に寝ている時に顔色が青ざめ、体が冷たくなりかけたそうです。様子がおかしいと気づいた母が慌てて湯たんぽを入れたら顔に赤みがさしてきたそうです。小学生の時、あめ玉をのどに詰まらせて息が出来なくなり、「あぁ、こんなふうに死んでいくんだ」と子供ながらに思ったことを覚えています。

今この世に生かしてもらっていて、とっても幸せです。その恩返しに私には何が出来るか考えました。この問題も佐藤式気功を受ければ解決すると感じました。

岐阜セミナーに参加して

11月12～13日に上級者を対象とした岐阜セミナーに参加しました。参加した皆さんは、使命感や慈しみの心を持った方たちでした。体験談を聞いているうちに、魂がふるえるくらいの感動を覚えました。帰りの新幹線の中や帰宅してからも幸福感で胸がいっぱいになり、涙があふれてしばらく止まりませんでした。この幸せがこれかもずっと続くと思うと、うれしくて、うれしくてしかたありません。

セミナーの中で、佐藤先生が30人全員に遠隔気功を行なって下さいました。私は、家族にも届くようにと心の中で名前を呼びました。部屋に戻ったら、娘からメールが届いていました。「お母さん、何かした？　勝手に涙が出てきたよ。遠隔でもやったの？」と。私も、その時間は涙が勝手に流れていました。「そうです、先生の気をおすそ分けしていました」とメールを送ったら「やっぱりー、そうだったの。心臓がドキドキすると思った。」と返ってきました。このメールのやりとりは、私もびっくりしました。

姉に遠隔気功をしたら抜糸の腫れがひいた

そんなことがあったので、豊橋に住む実の姉に、佐藤先生のおこぼれをおすそ分けしました。姉が親知らずを2本抜くために入院すると聞いていたので、不安や痛みを和らげ早く回復できればと、毎日遠隔を続けました。姉には佐藤式気功のことを伝えてありませんが、「気功を勉強しているから気を送るよ」とだけ言っておすそ分けをしていました。「気がバンバン来て、体中がカーッと熱くなりました。頭の中で気がぐるぐる回っているようでした。でも気持ちよかったよ。時計を見ていなかったけど、反応が無くなったので時間を確認したら、送ると言われてから50分たっていました。」とメールが来ました。

姉が退院して1週間経った頃、姉の所に遊びに来た友達が、姉のほっぺたが腫れていないことに驚いていたそうです。そして「普通、親知らずを抜いた後はいつまでも痛いし、もっと腫れているのに」と聞き、「え〜⁉」と姉は大変驚いたそうです。姉は、口がつるような感覚を覚えた以外、抜いたところが痛くも痒くもないので、「私って治りが早いのね」と思っていたようです。姉は友達に手術が終わった後に妹から気を送ってもらっていたことを話したそうです。そうしたら「それは遠隔のおかげよ」と言われ、はっと気づいたそうです。

佐藤先生の所に通っている間は、先生に「これでみんなにやってあげられるじゃないですか」と言われていましたが、その時は実感が持てませんでした。「仕事モード？　おやすみモード？　どうやってやればいいの？　ほんとに出来るの？　こうやってやりなさいって教えてもらってないよ〜」と不安でした。でも、姉に対して、心の中でおすそ分けと思うだけで伝わってしまうので驚きました。

自信をつけるために、5回の対面式が終わってから主人や娘を実験台に、本やインターネットでやり方を調べたり、先生のまねをして毎日、対面式の練習をしてました。

トマトに気を込めて送り出す

主人が先生の対面式気功を受けに通いました。1回目の気功で気の重心が足裏に、2回目には地球の中心に、3回目で宇宙の中心まで下がりました。先生に「奥さんに対面式気功を受けていた効果が出てますね」と言っていただいたそうです。主人は「家族でやっていると、お互い同調し合って上のレベルにそろってくるんじゃないかな」と感じているそうです。最近ではイメージしたことや、その時の体調などもお互いに感じ取れるようになりました。

最近、悲しく暗い事件や事故が多く発生し、不安を抱える人が多い中、「幸せとは何か」を探究するために、本を読んだり、講演会や考える会などに参加したり、真剣に勉強する人が増えてきました。けれども、そういうことをしなくても、佐藤式気功によって、ストレスを感じることなく自然と意識が変わります。今でこそ「気」とは何かということが、一般的に知られるようになりましたが、佐藤式気功のように、体以外に心にも魂にも働きかける気功はなかったように思います。多くの皆様にこの気功の必要性を知っていただきたいです。

そして、佐藤式気功の正しい知識をお伝えしたいです。気を感じるようになって三年。三年がかりでやっと、私が探し求めていた純粋な本物の気功に出会うことが出来ました。佐藤先生いつもありがとうございます。

何も宗教などを深く信仰しなくても、周りとも調和をとりながら、日々の生活の中で自然に慈しみの心が育ちます。佐藤式気功は、心と体と魂を磨く気功だと全身で感じています。人間は食べることが基本です。安心で安全な野菜作りはもちろん、食を通して健康の大切さを考えていただけたら幸いです。その野菜作りにこの気功を主人とふたりで最大限使っていきたいです。

「落ち葉はどうしてクルクル回転して落ちていくのかしら？　クルクル回転することによって衝突を避けてお互いをいたわり合うと考えてみることにしました」というラジオCMを聴きました。佐藤式気功は、人の幸せを考えて思いやることが出来る気功だと思います。

「私の気を込めました」と売り出されている商品には、収縮気が入っているそうです。拡大気が入った商品は出回っていないそうです。私がトマトに気を込めてお客様にお届けしたとき、お客様にどんな変化が起こるのか。病気が治って元気になったり、幸せになるのか。佐藤先生も興味を持ってくださいました。１年かかるか、２年かかるか、気長に経過を追ってみたいと思います。

人生を大きく変えてくれた佐藤式気功

Ｎ・Ｋさん　35歳　男性　会社員　気功勉強中

わが人生を振り返って

わたしは８人家族の３人兄弟で、末っ子として明るく活発な子供として育てられた。祖父は鉄鋼会社社長、父は酒類輸入会社の社長と比較的経済的には何不自由ない家庭であったが、父はかなり厳格な人、母はやさしく陽気な人で、性格的に対照的な両親に育てられた。

その後は、父への反発か中学時代は不良グループに入りワルだった。高校の時は風邪をこじらせて肺炎になり、完治４日後にはスケートボードで転倒し、意識不明の重体。高校卒業後は、やさしかった兄の突然の死。そして翌年、バイク事故にあい、あと数ミリで首元の動脈を切断するところだった。手術は兄が亡くなった同じ病院の同じ手術室で行なわれた。

以後、父の経営哲学に憧れ、自力で2年稼いだお金でワインの作り方や経営学を学ぶためにドイツへ。しかし、1年後に不安神経症になり、あえなく帰国。半年間、胸の苦しい状態で寝たっきりの生活が続いた。その後、阪神淡路大震災に遭遇し、約3ヶ月間の公園生活をした。不安神経症が徐々に回復していく中で、再びドイツへワインの勉強に行く。帰国後は父の会社に就職することになるが、同年齢の友人に比べ5年ほど遅い社会へのスタートとなった。

自ずと気の世界へと導かれる

2006年6月4日、自分にとって一生忘れることのできない不思議な出来事が起きた。それは、この世のものとは思えない温かい衣に包まれた感覚の中、体が勝手に動き出し、右手からはシャワーのように気があふれてきた。とても怖くなって起き上がろうとするが止まらない。しばらくしてからようやく止まった。

その後、気功に詳しい人に聞いたところ「自発動」という現象であることを知った。それから一気に「そうだ！　自分は気功で人を治したいんだ、入院中の母のため、人様のためになろう！」と自覚した。その後、このようなことを厳格な父に話したら、しばらく黙り込んでうなずき、数日後には黙って机の上に、一冊の気功の本を買って置いてくれていた。

深い睡眠と共に癒される日々

その本が佐藤先生の『幸運を呼び込むスピリチュアル気功』であった。まだまだ精神的には未熟感を感じていたが、「この気功しか、明るかった自分を取り戻してはくれない！」と藁にもすがる思いがして、日増しにその思いが強くなった。そして、東京に住むことになった。佐藤式気功のホームページをみると、一日体験初心者コースがあったので参加し、その後、対面式外気功の予約をした。

興味深かったのは、先生から「気の重心が頭にありますよ」といわれたことで、今でも鮮明に覚えている。さらに驚いたのは、初回の気功を受けたときに先生の手はさほど温かくないのに、私の手が温かくなり、お腹全体に広がったこと。不思議だった。気功が終わった後は自分でできるトレーニングを指導して頂いた。

佐藤気功センターで開発された「ＣＯＳＭＩＣ　ＬＯＶＥ（慈しみ）」のＣＤを聴きな

がら自己トレーニングを行なったとき、5年間にわたり2、3時間しか睡眠をとることができなかったのが8時間の快眠。驚きだった。毎日うそのように深い睡眠がとれ、季節の変化と共に日に日に心が癒されていった。

そして、5回目の対面式を終えたときに、はじめて気の重心が「足裏」に実感できた。今、やっと自分の立場・役割を把握し、辛いこと、悲しいことはすべて自分を改め成長させてくれるためにあるんだと、佐藤式気功を通じて認識できた。

私は現在、60人のスタッフの店舗の顧客満足（CS）リーダーとして勤めながら、学会にも施療の成果を発表していて信頼のおける財団法人の施術学校へ、週末に通学している。今後、佐藤先生のような腰の低い気功師を目指し、ガンなど難病を癒すことのできる人になりたいと思っている。

「だれでも、どこでも、いつでもできる」を実践する私の自己トレ法

K・Oさん　41歳　男性　会社員

私が佐藤式気功のことを初めて知ったのは、ネットサーフィンをしていて、偶然「スピリチュアル気功」という言葉を目にした時です。その時は、どうして「スピリチュアル」と「気功」が一緒なのか不思議な感じがしたのを今でも覚えています。

佐藤式気功に出会うまで

私は約20年前の学生時代に当時流行《はや》っていた気功に関心を持ち、本を読みながら両手の間に気のボールを作ったり、両腕と胸の間に気を回すなど、自分なりに気感を理解していました。しかしながら、その後社会人となってからはとりたてて気功を練習することは徐々になくなってしまいました。海外に駐在していた頃に少し太極拳を習った程度でした。

仕事やキャリア上の希望も順調に進み日常生活に何の不満もなかった41歳の誕生日くら

いから、私の中のスピリチュアリティへの希求が急に大きくなってきました。たとえば、以前はスピリチュアルという言葉にさえ大きな嫌悪感を感じていたのですが、誕生日以降は急に久しぶりに気功を習いたい衝動にかられ、渋谷の有名な教室に通ったり、個人で気功を教示されていらっしゃる方からも教えを受けておりました。かなり久しぶりだったのですが、家族で毎週末、気功教室に通っていました。気の身体感覚は自分なりに実感出来ていました。この頃は気に関連する書籍をむさぼるように読んでいたのですが、どんどんスピリチュアルなトピックに関連する書籍にも興味が移っていきました。

次から次へと関心の向くまま読書し続けていた時に、レイキに出会いました。従来であれば「何か怪しい？」感じのするものには一切興味がありませんでしたが、セミナーにも通いました。そしてここで初めて「スピリチュアリティ」と「気功」の接点のようなものに気づき始めました。つまり、私は今まで気功の気感は自分の気が身体を回っているために感じるものであると信じていたのですが、レイキを習ってからはスピリチュアルな部分も関連していたのだと実感出来るようになりました。

その後はさらに世界的に普及している瞑想も習い、深い意識状態の理解や実感、そして自分の肉体を超えたところの次元という概念にも、自分なりに興味を持ち始めました。要は自分がずっと感じていた気感というのも、どうやら色々なところからも送られてきているのではないか？　ということを考えるようになっていましたが、ではその先はどうなっているんだろうといった疑問には答えが出ない状態が続いていました。

一日気功体験セミナーに出席

ちょうどそのような疑問を持っていた時に、ウェブ上で佐藤式気功のことを知り、また、『スピリチュアル気功』という書籍も読み、このころは何となく「スピリチュアル」と「気功」は実は一体になれるものなんだという漠然とした頭での理解がありました。

一日体験セミナーに参加したのは２００５年春でした。今でもハッキリ覚えているのは佐藤式気功の実践ということで参加者各自の頭に指を当ててコネクトした後、各自横になったのですが、そこからずっと爆睡状態？だったのです。目が覚めた時には非常に頭がすっきりしていました。佐藤先生によれば収縮気と拡大気によって深いリラックスがもたらされたとのことでした。早速、対面式気功を予約しましたが、やはり半年程度待ちの状態でしたが、その間も出来るだけ日に2度の遠隔時のお裾分けを頂戴したりして、自分なりに佐藤式気功を体感していました。

いつも丹田（下丹田）を意守することを行なってきた気功と比較すると、胸のあたりにある中丹田からも湧き上がるように感じられる拡大気の存在は「まさにこれが従来の気功とスピリチュアリティが合一されること」なんだと一人で感動していました。

半年後の連続5回の対面式外気功を受療するまではほとんど毎日、寝る前と朝起きた時に自己トレを実施していました。

対面式外気功を受けて

10月の後半から毎週連続で全5回の1対1のご指導を頂きました。第1回目から体が温かくなったり、胸全体に強い気感（私の場合は胸にブラックホールが出来たような圧迫感？）を感じました。気功の後は、頭にあった気の重心は膝まで落ちたことがぼんやりと実感できました。

第2回目も全体的に同じ感じでしたが、気の重心が足裏まで落ちました。どちらも気功の終了後は頭がクリアで、外の景色が透明感がありいつもよりも大変輝いて見えました。しかし気の重心の移動については、なんとなくそんな感じかな？　という感じでした。おもしろいことに、第1回目よりは第2回目の方が、少しずつですが気の重心がわかってきました。

それがはっきりと感じられたのが第3回目でした。終わり頃にいつも先生にやって頂く、気の重心の移動の練習をしていた時に、先生が「それじゃ次は足裏に」と言って私にコネクトされた時に、体の中の気というか気感が上半身から足の裏へ全て落ちた感じがして、足が「ガクン」と地面に吸いつくような大きな衝撃を実感しました。これが実感できてからは自分でもだんだん気の重心の位置が実感できるようになってきました。

第4回目と第5回目では瞑想モードにコネクトすると自分の体を覆う気（オーラ？）のようなものが、まぶたの中に明るい色とともに広がりました。同時に自分の意識(視界？)が左右に大きく引っ張られるような感じがしました。それとともに、自分の体全体が上に向かって引っぱり上げられる感じがずっと続いていました。私は体外離脱はありませんでしたが、回を負うごとに私自身の感覚も鋭くなっていくのが実感でき、家や会社での自己トレの際の気感の程度を自分なりに計ることが楽になりました。

これらの対面式気功を受けて一番の衝撃は、佐藤式気功を行なう際には「自分自身の意識体」が自分をヘルプしてくれているんだということを実感したことです。これこそがスピリチュアル気功であると自分で納得できました。例えば、基本の自己トレでは下丹田に手を当てながら「温かいモード」とか「涼しいモード」と口で言います。私はどうして口で言っただけで念じる必要がないのだろうか？　とずっとわからなかったのですが、ある日佐藤先生が、それはご自身の意識体がヘルプしてくれているからだと教えてくださいました。つまり、口で宣言すれば自分の意識体が働いてくれて、当該モードに合った状態を作ってくれるのです。また、佐藤先生が最初に私にコネクトされた時点で既に特定の言葉と意識体を結び付けて下さっていたのです。これにはただ驚くばかりでした。

対面式を受けてからの私の自己トレ方法

第5回目の対面式気功の受療後は気の重心も足裏に降り、私は自分の意識体に常に感謝をする癖が自然とつきました。と同時に、いたる所で「温かいモード」や「涼しいモード」を口にしその感覚を実感していきました。

典型的な一日は、朝起きてからそのままの姿勢で3分自己トレ。シャワーを浴びながらも3分自己トレ。通勤電車の中でも少し長い時間の自己トレをします。電車内で座ってからただ「温かいモード」と低い声で言い、そのままリラックスします。たまにそのままリラックスをして眠ってしまう時がありますが。会社到着後も日中は意識して「温かいモード」と「涼しいモード」を繰り返しています。ただし、日中は会議が多いため、会議室から会議室への移動時にも「温かいモード」とかを言いながら移動しています。このアナログモードは体全体にボワンと働くと思います。会議中でも周りに自分の気を拡大する意識で行なうと、参加者の意識に働きかけるためか会議がスムーズになります。海外との電話会議の前にはいつもこのモードをし、先方のことを意識すると同じくスムーズに進みます。

ただし、2つのアナログモードを交互にしていくと、途中で、あれ、さっきはどっちのモードだったかな？　とボケてしまうことも多々ありますが。

さらに、細切れ時間での数をこなすミーティングが多いときは、デジタルの「仕事モード」を使います。対面式と同様に「仕事モード」と言った瞬間に体の気のバランスがパッと移動するのが実感でき、頭をすっきりした余裕のあるパフォーマンス状態にすることが可能になります。

終わりに

約一年前から始まった自分なりの「スピリチュアリティ」と「気功」の探索の旅は、佐藤式気功との出会いによって明快な回答が与えられたと考えています。個人的には今まで習ってきた気功だけではなく、その他のものからの感覚的なものを全て包含している感じがします。それは身体的な気感であり、また、瞑想時の深い意識の体験とでもいうのでしょうか、それらが簡単にすぐにどこでも体験できるのです。もちろん、その後はすっきりした、穏やかな感覚を残して。ぜひ、この佐藤式気功がより多くの方々に実践されることを心から望みます。

遠隔療法で心筋梗塞の危機を脱出

H・Kさん　56歳　気功勉強中

（2004年9月に初めて当センターを訪れたH・Kさん。5回の対面式外気功を受療され、気の重心が「足裏」に下がりました。以前、乳がんの手術を受けたり、手首を骨折したこともあり、現在は疲労が重なると背中の痛みが出るといいます。

訪れた目的は、スピリチュアルな世界に興味があり、体の健康とスピリチュアルを一体にした佐藤式気功に強い関心を覚えたためといいます。2005年1月になって、H・Kさんのお兄さんが心筋梗塞で倒れて、病院に入院中との電話があり、遠隔療法の依頼を受けました。以下、H・Kさんの体験談を紹介します）

兄は2005年1月、夜中に心筋梗塞で倒れ、集中治療室に6日間入った後、4本のバイパス手術をすることになりました。しかし、糖尿病を患っており、倒れた日は血糖値が

500余りだった兄の手術に対しての医師からの説明は悲観的なものでした。最新の治療を受けられることは本当にありがたいのですが、それでもショックと不安でいっぱいの兄の家族を見て、私は佐藤先生に遠隔療法をお願いしました。

佐藤先生と兄は面識はないのですが、私の実の兄ということで引き受けてくれました。早速、佐藤先生から教えていただいた方法で兄の身体情報を気でキャッチしました。すぐに私の体に反応して、足が妙にだるくて重く、頭はクラクラと吐き気がしそうなほど気分が悪く、心身ともにひどい状態であることがわかりました。重心もキャッチしてみると「頭」にあり、重心を下げておかないと大変なことになると思いました。

遠隔療法は、手術の日をはさんで5日間、朝9時、東京から熊本の病院へ先生の気を送っていただくことになりました。その旨を兄と家族に知らせておきました。そして、タイミングよく手術の開始時間も9時に決まったのです。

先生にお願いした後は、私の気持ちもすっかり落ち着きました。兄の時々の様子を先生に連絡し、手術のあくる日にはベッドに起き上がり、自分で食事をとったこともうれしい知らせになりました。術後、担当医は思いもしなかったほどの予想以上の回復ぶりに、嬉しくてしょうがない様子で家族に接しておられたそうです。

兄は1ヵ月後には、心臓の方は心配なく、仕事にも復帰し、糖尿病の治療を続けながら、近々誕生する初孫を楽しみにしております。

(佐藤式気功からのメッセージ)

今回の遠隔療法をもう少し具体的に述べると、予定された日時に私がH・Kさんのお兄さんに気を送りますが、同時にH・Kさんも「おこぼれ頂戴モード」で気を受けます。日頃から重心が「足裏」に下がっている人は、他者に送っている気を間接的に受療することができます。あたかもおこぼれを頂いている感覚です。H・Kさんには受療中にお兄さんの身体情報をキャッチしながら、「お裾分けモード」で、H・Kさんからも気を送るように伝えました。

身内や家族の思いは、しばしば奇跡を起こすといわれています。それだけ尊いものだと思います。H・Kさんは施術能力も高まっていたので、より身内パワーが威力を発揮したのだと思います。現在、H・Kさんのようなケースが徐々に増加してきました。私が直接受け手に送るだけの方法よりは、家族や身内の「思いの力」を主として発揮したやりかたの方が、さらに効果があるようです。

❷ 体外離脱体験について

スピリチュアル気功で体外離脱を体験して

K・Sさん　51歳　女性　塾経営

私は十代の頃から「スピリチュアル」という言葉に強い関心をもっており、若い頃よりこの手の本を多く読みあさっていました。友達から佐藤先生の『スピリチュアル気功』の本を薦められたときも一晩で一気に読み終えてしまいましたが、その内容があまりにも衝撃的なのでしばらく呆然としていたのを覚えています。

私も宇宙エネルギーを利用した方法で、精神的、肉体的疾患をもっている人々や人間以外のあらゆる生物に対しても症状が緩和していくという体験をたくさんしてきましたので、佐藤先生の本の内容は違和感がなく受け入れることができました。

しかし、遠く離れている方々を人数に関係なく一気に救ってしまうという「遠隔療法」や、これまでの臨死体験とは違う、健康のままで「体外離脱」ができるというこの2点についてとても驚かされました。世の中にはこのようなスケールの大きい人がいるんだ、人間離れした技で多くの人を救い、世の中に貢献している人がいるんだ、ぜひ会ってみたい、そして私もできることなら先生のパワーをいただき、微力ながらも人を救う仲間に入れていただきたいと、本気に思い始めました。

そして、先生に初めてお会いしたのは平成17年の2月、一日体験気功の時でした。知名度が高いにもかかわらず偉ぶるところは少しもなく、気さくで柔和な雰囲気に私はすぐに親近感を覚えました。一日体験の最後に20分くらいの遠隔療法を受けましたが、気功を受け始めてからすぐに体全体が熱くなり、その後満天の星空が現れ、赤い不死鳥の尾に掴まった自分が上へ上へと星空の中に吸い込まれていく映像が見えました。まるでテレビか映画のワンシーンを見ているかのような、この状態が何なのか、どうしてこのようなことが起こっているのか不思議でしたが、しばし心地よいリラックス感に浸っていました。

その後、対面式外気功を予約し、気功を受けている間にさまざまな映像現象が現れていたのですが、3回目の気功のときに不思議な体験をしました。それは先生とのさまざまな会話のときでした。「K・Sさんだったら、自分も含めて、自分以外の人の気の重心がどこにあるかわかりますよね」と断定的に言われた瞬間、今まで自分の気の重心が体のどこに位置しているか全然わからなかったのですが、他の人の気の重心までがわかるようになったのです。

4回目の気功でようやく念願の体外離脱体験をしました。気功を受けているときに、毎回、白や赤などの渦巻状のトンネルが映像として現れましたが、この日はトンネルを通過し、満天の星を間近に見上げている自分を体感しました。その後、先生から地球や日本列島、佐藤気功センターを探すように言われましたが、これらが全部霧がかかったようにぼんやりとしか見えなかったので残念でした。少し心残りではありましたが、先生の偉大なパワーを感じた体外離脱体験でした。

これまで先生から気功を受けるたびに、いろいろ不思議な体験をしましたので、佐藤先生との出会いは、何か目に見えない大きな力が働いているのではないかと思うようになりました。それならば、気功を通して自分の役割が何かあるのではないかとも思うようになりました。

現在、私は、体調不良を訴えている人々が私の気功で元気に回復している姿を見て、至福の喜びを感じています。自分の周りに住んでいる人々の笑顔の数が増えるにつれ、住みやすい世の中になっていくのではないかと考えているからです。それが人を救い、世の中の救いに繋がっていくことを信じて、これからも元気に頑張っていきたいと思います。

佐藤式気功は世界に類のない気功！

石井顯宏さん　58歳　男性　鍼灸師　絹が丘接骨院経営

霊感の強い父の影響を受ける

私は真心と科学がもっとも大事であると思っている。霊感の強いスピリチュアルカウンセラー的な仕事をしていた父の影響を無意識的に受けていたせいか、小さい頃から「気」に対する関心は相当高かった。しかし、父はよく気で病気を治すのは難しくはないが、治療する側が患者さんから悪い気を受け、早死することが多いと言っていた。従って、私がやっと邪気などを払える自信がついたのが１９８０年代に入ってからなので、治療家の道に入ったのは遅かったといえる。

佐藤さんとの出会い

佐藤眞志さんとの出会いは、１９８６年の均整の学校でだった。佐藤さんは非常に研究熱心な方であった。私は当時、気を重視した医療の道を志し、均整と柔整、鍼灸、指圧、マッサージ等の資格をとるために掛け持ちで飛び回っていた。佐藤さんとは昼食の時に気や医療の将来について話し合い、気を科学的に応用した医療や、企業の技術者が集まった会場でのセミナー等をしたいとの考えを話していた。私は１９８８年には中国で、上海中医学院の国際鍼灸培訓中心の講座を修了し、１９９１年には経絡治療夏期大学の講座を修了していた。また、自律訓練法をマスターしたり、本山式ヨガやユング心理学なども学び、徐々に気を高めていった。

石井顯宏さん

光の研究の権威、大頭教授との出会い

１９９２年には、Ｏ-リングテストの開発者の大村教授のさらに先生に当たる、早稲田大学名誉教授で光の研究の世界的権威の大頭教授が来院された。大頭教授も気を科学的に研究されることに関心は高く、ソニーの創業者であられる井深さ

んと一日中2人で共同研究してきたことなど、気についてのお話や鍼灸治療の質問等をよくされていた。私は当時の最新の気の科学的研究レベルを、大頭教授から教えて頂いたものである。

鍼灸治療は気の治療である

1993年に、2年以上前から空気に当たるだけでも激痛が走るほどの強度のムチウチ症に苦しんでいる48歳男性Nさんが来院された。Nさんは体に触れることもできない状態で、鍼治療は嫌だと断られた。そこで、鍼を持ったまま空中に数センチくらい浮かした状態で、完全に「気」だけの施療を行なったら、びっくりするほど治ってしまった。この件以来、私はやはり鍼治療の真髄は単なる刺激療法ではなく、「気」の治療であると強く実感した。

佐藤さんの気功がテレビで紹介されていた

1994年、日本テレビで特異的な3名の気功師が紹介されていた。まず最初に中国の気功師が壇上に上げた数十人の人たちを、1人数秒くらいで瞬時に治療してしまうのには驚いた。佐藤さんは番組の最後に紹介され、体外離脱した女性のことや大学で実験している様子が放送された。私は体外離脱し、至福の優しい心の世界を体験できる佐藤式気功の方がとても印象に残った。早速その晩、佐藤さんに祝福の電話をし、ともに喜んだ。

佐藤さんと17年ぶりの再会

１９９４年以降は佐藤さんとはご無沙汰していたが、２００４年9月に私と妻がもっと気功術を高めたい思いから、福島県浪江町にある佐藤気功センターを尋ねようと電話をした。すると驚いたことに、当院のすぐ近くの日野市南平に引っ越しされていたことを知った。これは運命的だと早速、佐藤気功センターを尋ねることにした。佐藤さんは２００４年6月に2冊目の本を出版されていて良いタイミングで17年ぶりの再会となった。

佐藤式気功を体験して

私は30年前から自律訓練法をマスターしていたので、佐藤さんの気功は比較的素直に受けることができたと思う。最初に温かいモードを入れて頂いた瞬間、下半身からぽーと全身に向かって湧き上がるように温かくなり、何ともいえない充実した心地よさを感じた。次に涼しいモードで気を入れて頂いたときは、胸から上半身に深い涼しさが広がり、下半身には穏やかな温かさが広がって深いリラックス状態になった。通常の自律訓練法は体の表面的なリラックスを体感させることに対して、佐藤式気功は宇宙の本質と繋がることにより体の中から気が湧いてきて、とても深いリラックスを体感できるのだという。

体外離脱を体験して

佐藤式気功では、対面式外気功を5回受けた人の70％は、気の重心が「足裏」に下がるのだという。それが結果的に佐藤式気功の効果になる。そのためか対面式は5回しか受けられないともいう。私は、最後の5回目に体外離脱の可能性に期待した。現在の佐藤式気功では、体外離脱は宇宙の中心まで重心が下がらないと困難であり、自分の60兆の細胞すべてが納得しないと無理であるという。

佐藤さんの気功が開始され、30分くらい経過して深い瞑想状態になった。しかし、私の左足が一度突っ張るような変な感じがしたので、サムシング・グレートにお任せしたら自然とリラックスし、この感じは消えていった。その後、第一トンネルの入り口が見え、少し中に入ったが、なかなかトンネルを抜けきれず、途中ベッドと一緒に浮いた感じとなり、青い光が全面的に広がって見えた。この時、下丹田への意識集中が少し欠けていたので、再度意識を集中させた。佐藤さんから「条件が整ったので体外離脱モードをコネクトします」と話があったので、体外離脱モードを強く意識した。

その後は私の体が完全にリラックス状態に入り、体が透明感覚、薄い板状の感覚になり浮き上がった感じになった。そこへ魂らしい光り輝く意識体の先導があり、さらに透明感が強くなってトンネルを通過していった。トンネルを通過したあと自分の周囲を振り向くと、筒状の紐のようなトンネルが見えたので、初めてトンネルを抜け出て宇宙に出たのだと実感できた。初めて体験する宇宙は壮大で静けさの中にも生命感溢れるものであった。

宇宙から地球に戻り佐藤気功センターに到着すると、気功中の佐藤さんと、ソファーに座っている妻の姿がはっきりと見ることができた。今回の体外離脱はデジタルモードの体外離脱モードを利用したが、アナログモードに切り替えたら少しぼやけたものとなった。次に佐藤さんの体内に入って胃の様子を見たり、佐藤さんの魂を見たりした。あらためて魂そのものは常に変化する存在であることを知った次第である。

佐藤さん曰く、今後、体外離脱の是非を検証することは必要であるが、それよりも体外離脱現象を活用して医学の発展に貢献することの方が重要であるという。

体外離脱して、死後世界で両親と再会

T・Kさん　46歳　主婦　整体に気功を利用

T・Kさんは佐藤気功を5回体験された後、体外離脱を体験されました。その時の様子を私（佐藤）から報告します。

体外離脱するまでのプロセス

温かいモード、涼しいモードで頭寒足熱。その後は、深いリラックス状態になり瞑想感覚になる。アナログモードの30分後に体外離脱準備モード（デジタルモード）を行なう。肉体感覚が喪失し、自分が薄い紙のような状態になり、周囲がとても明るくなり、さらに周囲の中心が渦巻状になる。その後、体外離脱モード（デジタルモード）をコネクト。渦巻状が奥行きをつくりトンネルのような形になる。薄い紙のような自分がたましいであることに気づき、トンネルの中に入るが、通過するのがとても遅い。もう少し癒しが必要で

あると判断し、再びアナログモードに切り替える。

体外離脱のはじまり

5分後に再び体外離脱モードをコネクト。第一トンネルを通過。壮大な宇宙に出るが、すぐそばに紐のような第一トンネルが存在しているのを確かめる。そのあとに再びトンネルの出口から入って、現実（肉体感覚）に戻ることを確認する。再びトンネル体験をして体外離脱をしたことを実感する。

体外離脱後の世界とは

体外離脱した後の世界は物質の影響を一切受けないので、過去や未来に自由にトリップできると思われる。まず最初に地球をみたが、地球が光ってみえたので、これが地球なのかはわからないという。しばらくしてテレビで見たときの地球に変わったので、先ほどの地球は、オーラで覆われていたからだと知る。

佐藤気功センターでの様子

その後、地球の中に入って、佐藤気功センターまで来る。室内が少しぼやけて見えるというので、強くコネクトしたらはっきり見えるという。ベッドに仰向けになっているT・Kさんは、施術中の私や周囲の状況がはっきり確認できるという。そこで、私の意識体（魂）が体から離脱する場面を見てもらうことにした。（私自身は、体外離脱感覚を体感できないので、ほとんど離脱者に確認してもらうことにしている）最初は卵型の光る集合体にみえるというので、私の体と同じスタイルになるようにコネクトしたら、施術中の私と離脱している私、同形の二人の私が見えて、不思議な感覚であったという。

再び宇宙へ

その後、T・Kさんの意識体と私の意識体は再び地球を出て、天の川銀河や北斗七星、南十字星をみた。天の川銀河は半円状の銀河であったとのこと。北斗七星や南十字星は、とても明るく幻想的な光の世界であったという。さらに宇宙が誕生した直後はどのような宇宙であったかをコネクトすると、一気に宇宙が始まった直後にワープ。周囲がとても暗く深く、瞬間怖かったが落ち着いたとのこと。さらに宇宙が誕生する前まで遡ると、以前中間世（霊的な階層世界）からトリップしたときに遭遇したサムシング・グレートの世界があった。

亡くなられた両親と再会

このあとにT・Kさんからの希望であった、既に亡くなられているT・Kさんのご両親と再会することにした。サムシング・グレートから中間世に降りて、最初に母をコネクト。あるたましい的な星の意識体が出現し、その星の中に入ることにした。星の中のある階層に母が現れ、その時はただ見つめ合うだけで心が通じ合う感覚であったという。次に父をコネクト。父はまだ49日が過ぎていないためか、中間世にいないことを確認、過去世をコネクト。物質世界に住む人間は、時間や空間が存在するために過去や未来に行くことが出来ないが、体外離脱すると物質の影響を一切受けないので簡単に行くことができる。49日前であろうと既に亡くなられた場合は、最初は過去世にいることが多い。当然、そのあとは光の世界である中間世に昇華するのである。父は、姉の家にいた。そこでは、現世で会話をしていたときと同じ感覚で父と向かい合えたとT・Kさんは報告してくれた。

体外離脱体験後、恋も仕事もなぜかうまくいく

Y・Hさん　31歳　女性　大学教員

2004年3月末から5月末にかけて、佐藤式気功の施療を5回受けた。受療に行く前の私は、ほぼ毎日ひどい肩こりとそれによる頭痛に悩まされており、整体に通っていた。また仕事のことでイライラすることが非常に多かった。

初回で気の重心が足裏に下がる

初回、施療を受けると私の重心は首の辺りにあり、体がグラグラしていた。受療中、先生がおっしゃるように体が温かくなったり涼しくなったりして驚いた。そして、受療が終わるころには、すっかり肩こりは治まり、重心も足裏に下がり、みなぎるような力が生まれていた。とても不思議な感覚だった。

しかし、その直後に私は風邪を引いてしまい、自己トレーニングもサボってしまったた

め、重心は胸の辺りまで上がってしまい、肩こりもぶり返してしまった。また、受療のあとに、精神が穏やかになる反面、神経が過敏になった。具体的には、歯の神経痛が出た。

2回目の受療では、私の怠慢のため、またゼロからやり直すような形になったが1回目よりスムーズに癒された気がする。ここの辺りで心を改めて、自己トレーニングをきちんとするようになった。

3回目で体外離脱を体験する

3回目の受療では、最初から重心が宇宙の中心にあったため、スムーズに進み、体外離脱を体験することができた。ここで気がついたことは、重心が宇宙の中心に下がった後でも、目や頭や肩にわずかでも疲れが溜まっていると体外離脱ができないことであった。

私にとって体外離脱は次のような体験であった。モヤモヤとした勾玉《まがたま》がうねうねとあるような状態から、遠くに光が見えたので、そこへ向かってトンネルを通っていくと明るいとても気持ちの良いところに出た。

先生の呼びかけに従って、宇宙に出てみた。すると自分は宇宙から小さな地球を見ていた。地球に下りてみると、まだ非常に古い時代だったようで、地球はまだつくられている途中だった。時代をもう少し進めると、今度は縄文時代（?）に出た。人間らしきものが、火をたいたり狩猟をしたりしていた。

もう一度、宇宙に帰り、現代の地球に降り立とうとすると、砂漠に出た。何もない砂漠であるが、漠然と現代の世界であるような気がした。

体験後、慈悲深くなる

この後、私はものすごく精神的に慈悲深くなった。なんだかいつでも幸せな感じがし、誰にでも気持ちよく接することができた。何に対してもありがたみを感じられるようになった。

また、怒りを感じることがなくなり、以前なら怒っていたような場面では、そのようなことをしてしまう相手がかわいそうだと思うようになった。大学の同僚や学生に「前と全然表情が違って、輝きがものすごく増した」とか、「最近とても元気そう」だとか「ますますきれいになった」などと言われるようになった。誰もが口を揃えてそういうので、お世辞とは思えなかった。

実際には、すべての受療が終わった直後に、自分が前から思いを寄せていた人から、結婚を前提としたお付き合いの申し込みを受けるのであるが、このときは恋人など誰もいなかったにもかかわらず、周りの人たちは、私の表情が変わった原因はきっと恋人が出来たからに違いないと思っていたようである。

また、仕事の能率も非常に良くなった。なぜなら、この頃からそれまで仕事を大いに妨げてきた肩こり、頭痛、生理痛があまりなくなってきたからである。ちなみに、佐藤式気功を始めてからは一度も整体には行ってない。時折、疲れたときなどに肩こりや頭痛を感じるが、一晩寝れば治るようになった。

このように3回目に体外離脱をしてから目覚しい変化があったのである。

4回目は、大学の仕事でとても疲れていたこともあり、「癒し」だけに終わってしまった。しかし、とても癒され、気持ちがとてもすっきりした。

過去と未来を垣間見る

そして、最後の5回目である。この時はやはり、頭、上半身が硬く凝り固まっていたので、なかなか離脱が出来なかったため、先生はあきらめていたようだ。しかし、しばらくして、わたしは一人でいろいろなところに行って楽しんでいた。終わった後に、実は体外離脱していた旨をお話しすると、先生は「言ってくれればアドバイスしているからいろいろ案内できたのに」と残念そうにおっしゃり、私も残念に思ったが、それでもおもしろい体験ができた。

まず、明るいオレンジっぽい黄色の世界（短冊のようなものがたくさん飛んでいて、きれいだった）に行き、そのあと、情景はピンクになった。とても明るい感じがした。この時点ではまだ体外離脱はしていないのだが、ふと、向こうのほうに渦を巻いているようなところがあり、入っていくと黒いトンネルだった。

ずっといくと、白く明るくなり、出口に出たようだ。ぱーっと白っぽく気持ちの良い場所に出たのだが、私は無意識に「過去に行きたい」と念じた。すると、どうもスペインのようだった。時代はよくわからないが中世だと思う。赤と緑の唐草模様のようないかにもスペイン的な模様の旗や壁紙が印象的だった。

そして、私はすぐに「未来に行きたい」と念じた。すると、超高層ビルの中の一つのマンションに自分がいた。自分のほかに誰もいなかったが、自分は恐らく40歳代で、黒と白の服を着ていた。そうして、終了となった。

以上が、5回の受療の記録であるが、全体を通し、体外離脱をはじめ、とても貴重な経験ができた。とりわけ、受療のあとに、体調が良くなったこと。そして慈悲深くなり、他者からも輝いているなどと賞賛されるようになったことは、大変大きな成果だと思う。

これからも、自己トレーニングを続け、また時折先生の施療を受け、佐藤式気功を自分の人生に大いに役立てていきたいと思っている。

❸ 心のストレス改善例

心のストレス病から脱出できた

Ｋ・Ｈさん　30歳　男性

心理療法に限界を感じて

私は19歳の頃から心理面に問題を抱え、30歳になる現在も病院の心療内科に通っています。病院の診察では、いろんな病名をもらいました。うつ病、パニック障害、ＰＴＳＤ、睡眠障害、気分障害、他にも病名をもらっていたかも知れません。山のような薬を処方され飲んでいました。毎週、カウンセリングと診察があり、数年間通院して、ある程度は落ち着きました。

しかし、大量の薬は変わらず、うんざりしました。なぜなら、薬の副作用でロレツがまわらなくなったり、睡眠薬のせいで一日中眠かったりと、いろいろ苦しかったことがたくさんあったからです。本当にさんざんでした。個人的に病院以外でもいろいろな心理療法を受けましたが、効果は感じることはできませんでした。

そんな中、本屋さんで偶然にも佐藤先生の本と出会い、佐藤先生のホームページを拝見し、佐藤気功センターにお電話をさせて頂きました。先生と数分間お話をした後、「気功を体験したい」と思い、予約をお願いしたところ、先生が「6ヵ月くらい待って頂くことになりますが」との返答でした。当時、心理療法に限界を感じていたので、6ヵ月待っても先生の「気功」に頼ってみようと決心しました。

6ヵ月後、対面式外気功を受ける日が来ました。正直、先生には失礼ですが、佐藤式気功を信じ、頼ろうと期待していた反面、気休め程度の効果しかないだろうと思う自分もいました。それだけ、心にダメージを受け、さらに薬の副作用でうんざりしていたのです。

ところが、対面式外気功を一日受けただけで、とても精神が安定するのです。その日の夜には指導していただいた自己トレーニングをすると、睡眠薬を7錠近く飲んでも眠れなかった私が、薬なしで寝てしまいました。びっくりです。

2回目の対面式の時にそんな話をしたら、冷静な言い方で「私は医師ではないので、薬のことは病院の先生に相談してください」と言われました。医師に相談するのは当たり前の話ですが、気功の効果がこうも顕著にみられるのに、うぬぼれず、西洋医学も大切にされるあたりは、先生の東西医療統合の思いを強く感じた次第です。

症状が激減した

3回目の気功のあとは、うつ、パニック障害、不眠が激減しました。対面式の5回を終える頃には、病院の医師と相談し、調子の悪いときに飲む頓服《とんぷく》だけになりました。毎日数回、自己トレーニングを続け、気の重心が「足裏」やその付近にいつも下がるので、アルバイトができるまで安定してきました。佐藤式気功は、体や心だけではなく、ましいにまでも働きかけ、人生観を変えてくれる素晴らしい気功だと思っています。

長年のうつ症状から遠ざかる

N・Mさん　54歳　女性　公務員

上級者セミナーを終えたあと、重心は足裏にありましたが、私の場合、皆さんのように宇宙の中心というふうには、感じられませんでした。しかし、このごろ鬱《うつ》の気分が遠ざかり、何事も気軽に行動している自分を発見し、うれしくなっています。

また、ある日、自己トレーニングをやっていて、初めて、温かい、涼しい、温かい、という感覚がはっきりわかりました。少しずつですが、上達しているように感じられるのはうれしいことです。

大いなるものの存在が、自然に感じられます。体外離脱の段階はまだまだですが、「宇宙に生きる一員としての自分」というような感覚がわかるようになったのは、すごいことではないかと思います。自分の感覚を磨きながら、今後はボランティアに生かしていきたいと考えています。

朝起きるのが、「うれしい」と思えるのが、何よりうれしいこのごろです。

思えば、つらい症状が更年期の鬱症状だとわかってから約7年間、いろいろなことをやったり、探してきましたが、佐藤式スピリチュアル気功に出会えたことを、何より感謝しております。

心理カウンセラーとして病める人に寄り添ってきた20年間

K・Kさん　48歳　男性　カウンセラー

私は心理カウンセラーという仕事を20年弱続けてきて、病める人の心を少しでも軽くする技法を追い求めてきました。

そんな中で東京駅前の大型書店の店頭に『スピリチュアル気功』という本が平積みになっているのを見つけました。気功については、以前から興味があったので、早速購入して読んでみました。うつ、不安、引きこもりなど、精神的な問題に効果があった例が、いくつも書いてありました。

「これは、ぜひ体験してみなければいけない」と思い、佐藤気功センターに連絡をとってみました。予約がとれた日はかなり先だったのですが、それまで一日千秋の思いで待ち、とうとう予約日がやってきました。

閑静な住宅街の中に佐藤先生のご自宅があり、そこが佐藤気功センターになっています。

ドキドキしながら、呼び鈴を鳴らし、「どうぞ」という声にうながされ、玄関の戸をあけ、施術台のある部屋に通されました。

佐藤先生は、予想通り（！）柔らかく、おだやかな雰囲気の方でした。施術台に横たわり足裏とマッサージしていただいたあと、へそ下の丹田に置いた私の手の上に先生の手が重なります。

「先生の手は温かいなぁー」と感じましたが、私の体には何の変化もありません。おかしいなぁと思っていると突然、おなかの奥のほうから腰にかけて、温かさが湧き上がってくるではありませんか。「これが『スピリチュアル気功』に書いてあった内側から湧いてくる気なんだ」と感激してしまいました。

このあと、先生に目、頭などに手を当てていただくと、軽やかなリラックス感が広がってきました。このようにして、私の収縮気（＝温かさ）と拡大気（＝リラックス感）の体験が始まりました。佐藤式気功の施術を2回、3回と重ねていくうちに拡大気は爽やかな涼しさに変わっていき、進歩が実感できるようになりました。

佐藤式気功を併用すると改善が早まる

佐藤先生のもとに5回通った頃には、気の重心も最初の「肩」の位置から「足裏」を通り越して「宇宙の中心」に下がっていました。気の重心の感覚は人によって違うでしょうが、私の場合は、体の中の気の球体が広がりながら移動する感覚です。

本当は5回以上、通いたかったのですが、佐藤気功センターのルールがあって5回で卒業なので、泣く泣く佐藤先生のもとをあとにしました。大勢の人が予約日を待っている状況だし、いつまでも佐藤先生に頼ってしまうのは良くないので、5回で卒業という決まりも大切だと思います。

このあと、ほぼ毎日、「温かい」「涼しい」「温かい」のアナログモードでの3分間自己トレーニングを毎日続けています。時間のある時には、もう少し長くやったり、デジタルモードを付け加えたりしています。

もともと私は、自律訓練法という一種の自己催眠法を高校時代から自習してきました。これは「両腕、両脚が温かーい」「額が心地よく涼しーい」などの自己暗示（自律訓練法では公式と呼びます）を繰り返し念じるという方法で、一見、佐藤式気功の自己トレーニングと似ています。

しかし、自律訓練法によって作り出される状態は、佐藤式気功の内側から湧いてくる温かさや涼しさとは違い、腕と脚、おなかなどが全体的に温かくなったり、額の表面だけが涼しくなったりで、「湧いてくる」という感じではありません。

そして、佐藤式気功の自己トレーニングは何よりも簡単なのが特徴だと思います。何しろ「温かい」とか「涼しい」を1回だけ、ことばをいうだけ、後は起こってくる現象に、ただ注意を向けておくだけ。

私の知る限り、自律訓練法などの自己催眠法や一般の気功法の内気功、各種瞑想法などの中で、佐藤式気功は最も簡単なセルフケアの方法だといえます。それで、私の相談室に来られる方にも佐藤式気功の自己トレーニングを自宅などで行なうよう薦めています。

もちろん、相談室の中では、相談に来られる方の了解が得られれば、私が丹田、肩のツボなどに手を当てて、収縮気と拡大気を実感していただいています。

認知行動療法、イメージ療法など、従来の臨床心理学的技法のみよりも、佐藤式気功を組み合わせることにより、相談に来る方の改善も早まっているようです。とくに遷延《せんえん》化した（つまり長引いている）うつ状態には有効という手ごたえを得ています。また、パニック障害（電車の中、雑踏の中などで、死ぬほどの不安感が発作的に起こってくる障害）の方も、佐藤式気功の自己トレーニングをやっていただいているうちに、パニック発作が起こらなくなっていく例がいくつもありました。

❹ 岐阜セミナー（上級）を体験して

腫瘍マーカーが正常に戻った！

Ｔ・Ｏさん　男性　会社員

ガン再発への不安を抱えて

私は、平成16年5月に、食道ガンと診断され、長泉町《ながいずみ》の静岡県立静岡がんセンターに入院しました。放射線治療と抗がん剤の服用で、一応手術しなくても、食道にあった腫瘍は消えました。10月末日に退院し、1ヵ月の休養の後、12月から、職場に復帰し、仕事は続けていましたが、魂の抜け殻のようで、ただその日が過ぎればいいという状態でした。毎月の血液検査でも、腫瘍マーカーは、正常値まで戻らず、不安は拭い去ることはできませんでした。

そんな私を心配した妹が、鹿角霊芝《ろっかくれいし》のエキスを持ってきてくれ、それを飲んでいますと、力が湧いてきて、やっと、総体に血が回るという感じになり、さまざまなことに目が向くようになりました。まず、生きていることの嬉しさです。そして、生かされた理由は何なんだろう、と考えるようになりました。そんなとき出会ったのが、『スピリチュアル気功』という本でした。読んですぐ対面式気功を受けてみたいと思いましたが、ホームページに申し込み方法があるので、まずインターネットができる環境にし、申し込むと、縁があるのか、キャンセル待ちですぐ空きができ、待望の対面式外気功を受けることができました。

身心の支えとなった佐藤式気功との出会い

1回目、2回目は、さほど感じませんでしたが、3回目から、丹田から広がる温かさが勢いよく足元までいき、後は体全体に不思議な感覚が広がりました。体が浮かび上がるというか、透明になっていくというのか、体の中から綺麗になっていくような感覚でした。受ける前は体が重く、先生の家にもやっと着いたという感じが、終わった後は非常に体が軽くなり、これは有り難いと思いました。

5回の対面式を終了した後の、7月の血液検査は、正常値になっていて、それを知った時の嬉しさといったら表現しようがありません。この嬉しさを自分のものだけにしておくのはあまりにももったいない、佐藤式気功を知らないで無念な人生を送られている方々にぜひ知らせてあげたい、しかし、私の力は微々たるもの、その上、自己トレーニングでは、なかなか、対面式のような感覚を得ることができないままでした。

そんな私でも、セミナーを受けて良いとの先生から許可を頂き、また、あの感覚に触れることができたらと、胸を膨らませて参加させてもらいました。参加されてる方々の体験談を拝聴する中で感じたことは、本の題名の通り、この気功はまさに、スピリチュアルなものだということです。この気功を続けていると、身体機能が向上するのはもちろんのこと、魂も磨かれていってるんです。しかも、大変苦労して修行するとか、禁欲するとかは必要なく、お腹に手を当てて、「温かい」「涼しい」「温かい」と言ってるだけのところがすごいんです。

これは、佐藤先生の力の証明でしょうが、おごることなくニコニコと、皆さんがもともと持っている力に気づいて頂くお手伝いをしているだけ、とおっしゃっているところが、これまた素晴らしく感じます。生あるうちをおかげと思う生き方の上で、私の心身共の支えとなるこの佐藤式気功、必ず習熟し、あの世に旅立つ時には、良い人生だったといえる人生を送りたいと思います。

セミナー参加で勇気をもらう

K・Tさん　女性　介護の仕事

楽しみに待ったセミナーでした。きっかけは、平成17年3月の上級者一日体験セミナーの懇親会でした。期待以上の成果でしたが、欲が出て、もっと時間に余裕あるセミナーへの希望があがり、佐藤先生が、温泉もありの1泊2日のセミナーはどうかと提案されたのでした。それが、すぐに企画に移され、実行されたのです。その間には、先生のお許しを得て、上級者セミナー参加者の横のつながりを目的とする「慈しみの会」を発足することもできました。

その前年に私が初めて対面式気功を受けた頃は、自己トレーニングを続けつつも、ともすれば、「これで良いのかしら?」と、不安に思うこともありました。でも今、幸運にも、続けてセミナーに参加することができ、私の人生が明るく変わり、はっきりとした目標もできました。

前回のセミナーでも感じたことですが、今回も、参加者の方々の、ほとんどが初対面にもかかわらず、全く自然に受け入れあうことができたのは、佐藤式気功の持つ偉大な包容力のおかげなのでしょう。今回も、たくさんの方の貴重な体験談を伺うことができました。そして、それは、すぐにも私が応用できることでもあると認識できました。

たとえば、「仕事の前に予め、遠隔で、気を送っておくとスムーズに運ぶ」なんて、今まで思いつかないことでした。私は、介護の仕事をしていますので、早速使わせていただきます。これなら、認知症の方や、意識のない方にも良いアプローチができそうです。

そして、辛い病気に打ち勝った方々の報告には、大きな勇気をいただきました。

遠隔気功で妹のガンの術後も良好

私の妹は、今年の3月に、胃癌の手術を受けました。検査の範囲では転移はみつかりませんでしたが、三期で、ほぼ5分の4切除で、しかも胃壁の外側にまで出た、深刻なものでした。それで、佐藤先生に遠隔気功をお願いしたところ、「あなたがしてあげなさい。あなたにできることです」と、思いがけないお言葉が返ってきたのです。

私にそんなことができるなんて、自分でも信じられないことでした。でも先生のおっしゃることを信じてやってみたところ、妹は驚くほどの回復を見せてくれたのです。手術後2ヵ月足らずで仕事復帰でき、以前より、はるかに元気になり、同僚から「あんな大病したなんて思えない」と驚かれているそうです。

これからも、再発阻止のためにも、妹に遠隔気功を続けるつもりです。

最初は自分を良くするためにと始めた気功でした。

でも今はまったく違います。

内なる扉にアクセスできる――これはまさしくオープン・ザ・セサミ（開けゴマ！）ではありませんか。魔法の言葉「温かい」と「涼しい」だけで、私からおすそわけもできるのですから。

まだボランティアについても、何人かの人に気功を続けており、はっきりと効果もでて、とても喜ばれています。まわりの方が良くなってゆくのも嬉しいことです。それに、この気はいくら使っても減らないどころか、人様のために、一心に気を送ると、集中できて、私自身の気感も高まるような気がします。こんな良いことずくめを独り占めなんてもったいなくて、もっと大勢の人に佐藤式気功を知ってほしい気持ちでいっぱいです。

セミナーの最後に、佐藤先生から遠隔気功をいただきました。すぐに深い瞑想に入ることができました。セミナー参加者全員で感じた至福のひとときでした。その場に居合わせたことに深く感謝の２日間でした。

気のネットワーク「慈しみの会」誕生

加藤晴江さん　56歳　女性　呼吸インストラクター

岐阜セミナーでは、心温まる心から楽しい時間を気功仲間と過ごさせていただいて、有難うございました。

上級者一日体験セミナーに参加した後、素晴らしい出会いはその後も続けなければ、せっかく自分の中で芽生えた佐藤式気功が一人では生かされないし、仲間がほしいと切実に思いました。

佐藤先生は一貫して組織は作らない方針だったので、しばらく悩んだ後、先生に組織ではない仲間作りを提案しました。

そうしましたら先生も奥様もこの提案を大変喜ばれ、上級者同志で地域ごとにお仲間を作り、それが日本各地に点々とさざ波のように少しずつ広がっていくのが理想なのです、と賛成をいただき、協力して下さることになったのです。

加藤晴江さん

具体的には、最大で10名程度の家族単位の小グループを作ることになりました。そして、早速その会を「慈しみの会」と名づけていただき、岐阜セミナーの会期中に先生の口から集まった人たちに、「家族単位の「慈しみの会」の発足を発表していただきました。これが実質的な仲間作りができた瞬間でした。提案したものとしては、胸がじーんと熱くなりました。

1日目のセミナーが終わりかけた時、とても感動的なことが起きました。気になっていた長男のお嫁さんが難産で苦しんでいると携帯に連絡が入り、急いで先生に遠隔気功をお願いしたときです。10分も過ぎないうちに3400gの女の子が無事に生まれたというメールが届き、周囲にいた仲間に祝福されて感激しました。あらためて佐藤式気功は瞬時に気が働き、結果を出すんだなと思いました。

セミナーの2日目のとき、この日も感動があったのです。送り手と受け手に分かれての気功実践で、千葉の牧野さんと組んだときです。牧野さんが突然「なつかしいよ」と涙をこぼしながら言ったのです。それは意識体でのなつかしい出会いでした。そして、過去世においてて、この子は私がとても可愛がっていた弟だと直感し、遠く深いなつかしさと慈しみの気持ちでいっぱいになりました。

5章

自宅でできる自己トレーニング

自宅でも、通勤電車の中でも、入浴中でも
自己トレーニングは可能です。
初めての方は、まず
アナログ方式のトレーニング法を身につけましょう。
あなたもこの素晴らしい気を実感してみてください。

❶ 自己トレーニングを始める前に

免疫力を高めて病気になりにくい身体にしたい、仕事や勉強がはかどるように能力を高めたい、人間関係のストレスから解放されたい……、そのために私たちは何をすればよいのでしょうか。それには自分の身体の中にあるパワーを引き出すことです。収縮気と拡大気のバランスを整え、身体を最適な状態にしていくことで、身体は癒され、自分の本来の能力が発揮できるようになるのです。

気のバランスを調整し、常に生命力を１００％に近い状態にすることが健康を保つ秘訣ですが、それには日々の気功トレーニングがとても大切です。

佐藤式気功は、対面式外気功を受けた後、自己トレーニングを続けることによってさらなるステップアップが期待できます。この気功は、他の気功とくらべて非常にスピリチュアル性の高い気功ということもあり、自己トレーニングの前に、まずは対面式外気功を受けることが望ましいと考えています。しかし、読者の皆さんから自己トレーニング法を教えてほしいとの要望も多いので、この本では、まったくの初心者でも可能な方法をできるだけお伝えしたいと考えました。

直接、対面式外気功が受けられない場合の自己トレーニングには、留意する点がいくつかありますが、この本を読んで内容をよく理解した上でトレーニングに励めば、徐々に気感を高めることができるでしょう。

【自己トレーニングのポイント】

＊基本は、アナログモードによる、「温かい（10分）↓涼しい（10分）↓温かい（10分）」の合計30分間の自己トレーニングです。

1日3回以上行なうといいでしょう。時間が取れない人は各1分間、合計3分間を1日3回以上行なってください。

＊気功を始めると眠くなる人がいます。眠くなるときは、事前に、「温かい（10分）、涼しい（10分）、温かい（10分）」を行なうことを、あらかじめ脳にインプットしておけば、眠っても気は働きます。

●アナログモードによるトレーニングの準備段階

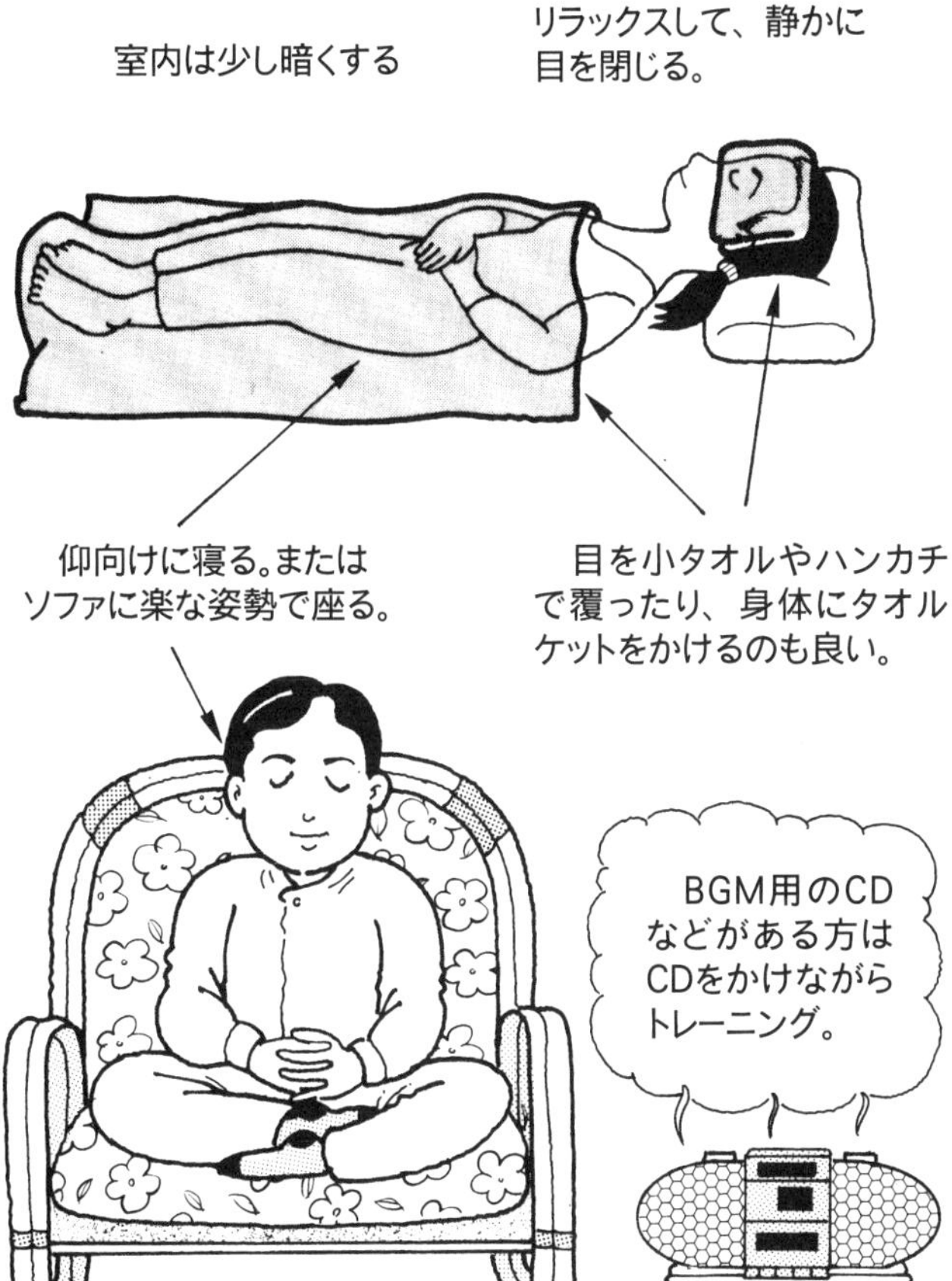
室内は少し暗くする
リラックスして、静かに目を閉じる。
仰向けに寝る。またはソファに楽な姿勢で座る。
目を小タオルやハンカチで覆ったり、身体にタオルケットをかけるのも良い。
BGM用のCDなどがある方はCDをかけながらトレーニング。

＊自己トレーニングが終わったあとは、気の重心を確認してください。上に感じていた重心が臍下に感じられればＯＫです。その場合は、上半身がリラックスしたように軽くなり、下半身が充実した感覚になっていることでもわかります。

＊上級者レベルになると重心が「足裏」まで下がり、足裏が下から引っ張られる感覚があります。この場合は、身体全体がとても軽い感覚になっているのが感じられます。

＊下腹部に手を当てる理由は、現実感覚に自然に戻しやすくするものです。また、不要な副交感神経反応（好転反応）を軽減させる効果もあります。

＊佐藤式気功による自己トレーニング法は、「アナログモード方式」と「デジタルモード方式」があります。対面式外気功を受けないで自己トレーニングを始める場合は、アナログモード方式でのトレーニングを行なうようにしてください。自己トレーニングのレベルをさらに高めたい場合は、対面式外気功を受療することをお勧めします。

（アナログモードとデジタルモードの詳しい内容については、２章の「アナログモードと

デジタルモードを使い分ける」（80頁～）をご参照ください）

【自己トレーニングのツール】

さて、自己トレーニングを始める前に、私が対面式外気功の施療の際に用いる二つのツールを紹介しておきます。自己トレーニングの効果をより高めるために、こうしたツールを利用するとよいかもしれません。

(1)BGM用CD「慈しみ」

リラックスして気功に集中してもらうために、波動の高い音楽をBGMとして使用しています。この「慈しみ」は、元音楽教諭の冨澤フミ子さんが体外離脱体験後に聴いたスピリチュアル・サウンドです。（その制作秘話は前作『幸運を呼び込むスピリチュアル気功』に紹介していますので、興味のある方はご一読ください）

(2)自律神経免疫療法で使用する電子針

自己トレーニング前に電子針による「自律神経免疫療法」を行なうことで気感が高まり

●自律神経免疫療法

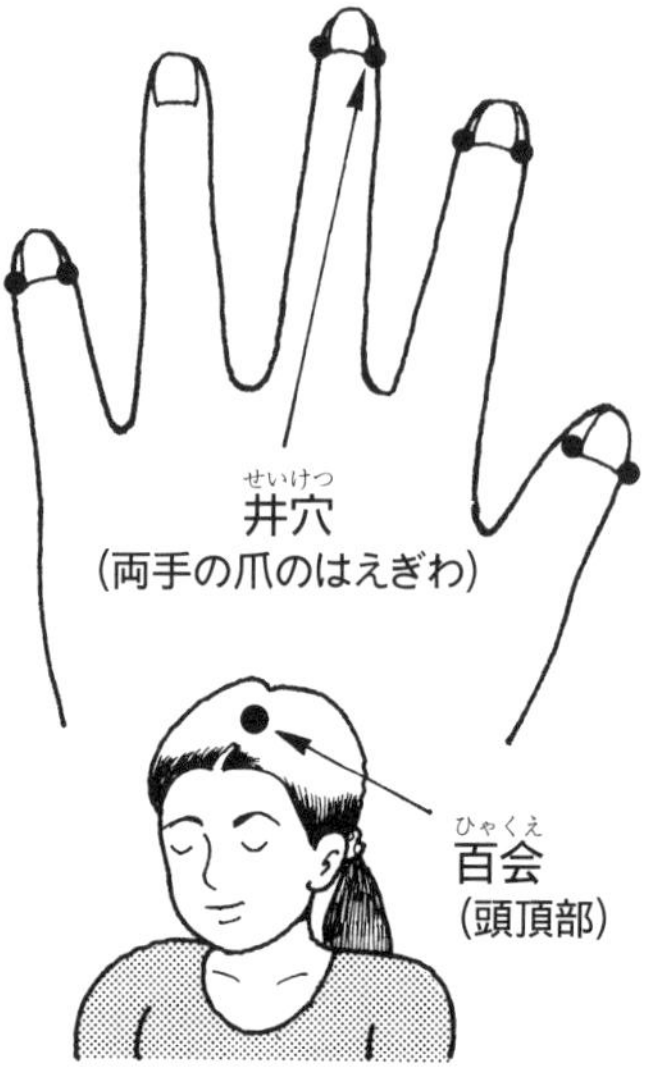

親指（呼吸器・肺など）
アトピー、せき、ぜんそく、リウマチ、円形脱毛症など
人さし指（消化器・胃腸など）
潰瘍性大腸炎、胃・十二指腸潰瘍、胃弱、クローン病など
中指（耳）
耳鳴り、難聴など
薬指
ここは交感神経を刺激するので基本的に使わない
小指（循環器・心臓・腎臓など）
脳梗塞、認知症、物忘れ、不眠、パーキンソン病、高血圧、糖尿病、頭痛、肩こり、腰痛、生理痛、子宮内膜症、更年期障害、頻尿、自律神経失調症など

両手両足の井穴、頭頂部の百会を、電子針で微妙な電気信号を与えると、気感が高まりやすくなる。

電子針がない方は、自分で爪もみをするのも効果的です。

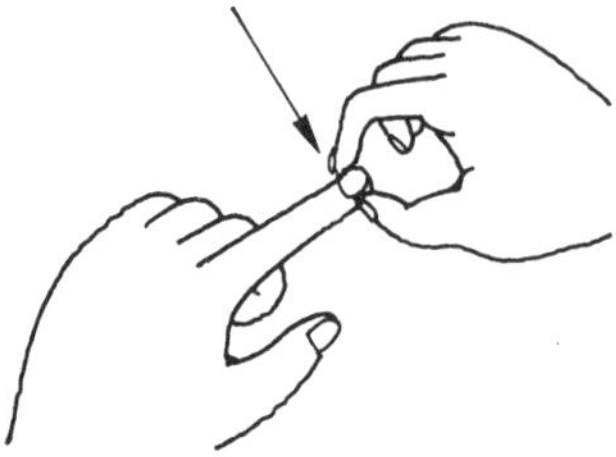

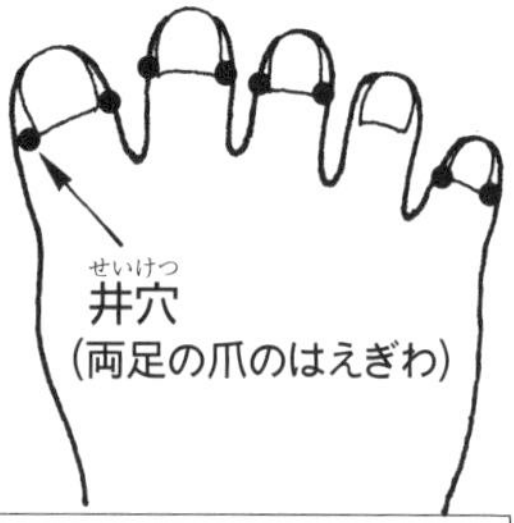

親指（肺などの呼吸器）
第二指（胃や腸など消化器）
第三指（耳）
第四指（ここは基本的に使わない）
小指（心臓・腎臓など循環器）

やすくなります。具体的には、両手両足の井穴《せいけつ》（爪のはえぎわにあって自律神経が集まっている場所）と、百会《ひゃくえ》（頭頂部）に微少な電気刺激を与えます。電子針がなければ、自分で爪もみをするのも効果的です。

（CDは佐藤気功センターで、電子針は薬局あるいは当センターで入手できます）

❷ アナログモードによる自己トレーニング、基本の4ステップ

自己トレーニングとして最もシンプルな基本の方法は、準備段階を除いて次の4つのステップとなります。時間は30分程度となります。

準備段階

室内は少し暗くして、仰向けに寝るか、ソファに楽な姿勢で座ります。

電子針か指で手足の指のツボを刺激しておくのも効果的です。

リラックスして静かに目を閉じます。目を小タオルやハンカチで覆ったり、身体にタオルケットをかけるとよいでしょう。BGM用のCDのある方はCDをかけながらトレーニ

ングしてください。

ステップ1

手を下腹部（下丹田）に当てそこを意識しながら「温かい」といいます（10分）。

温かさをイメージしたり、温かいと暗示をかける必要はありません。

しばらくすると下腹部からもやもやと温かいものが湧いてきます。

この温かさは下半身に広がり、一方、上半身に浅い涼しさが広がります。

ステップ2

次に、「涼しい」と1回いいます（10分）。

今度は涼しさが胸の中から湧いて上半身に深い涼しさが広がり、下半身にはおだやかな温かさが広がります。いわゆる頭寒足熱の状態です。

ステップ3

次に、再び「温かい」といいます（10分）。

全身に深いリラックスや軽さを感じ、深い瞑想状態に入りやすくなります。

ステップ4（終わり方）

以上で自己トレーニングを終了します。

両手を下腹部に当てた状態で、心の中で「終わり」と唱え、それをしっかりと意識しま

●さあ、自己トレーニング開始

ステップ❶（10分）
温かい
と1回いいます
ステップ❷（10分）
涼しい
と1回いいます
ステップ❸（10分）
温かい
と1回いいます
ステップ❹
終わり
と心の中で唱え
それを意識する

す。気の働きは自然に止まり、体は現実感覚（肉体感覚）に戻ります。

その後、静かに目を開け、手に握りこぶしを作って軽く体に緊張を与えてください。そして思いきり背伸びをしてください。

頭の中がもやもやしたり、ぼーとした感じが残る場合は、そのまま2～3分ほど横になっているのも良いでしょう。

❸ デジタルモードを利用した自己トレーニング

対面式外気功を受療した方に限り、デジタルモードを活用して自己トレーニングを行なうことができます。自己トレーニングの時間は、最初のうちは30分程度から始め、慣れてくれば時間を長くします。最初に「温かいモード」から始め、「仕事モード」で終わるように組み立てるとよいでしょう。

自己トレーニング30分コース

最初は30分間の自己トレーニングで、「温かい（10分）↓涼しい（10分）↓温かい（5分）↓仕事（5分）」のステップで行なってみましょう。

アナログとデジタルの特徴が活かされて満足度が高まります。

①温かいモード（10分）…下半身が温かくなり、上半身が涼しくなる。
↓
②涼しいモード（10分）…下半身が穏やかな温かさになり、上半身の涼しさが増して軽くなる。
↓
③温かいモード（5分）…全身が深いリラックス状態になる。
↓
④仕事モード（5分）…体と頭がシャッキリして、下半身が充実し、上半身が軽くなる。

自己トレーニング50分コース

50分の自己トレーニングでは、「温かい（10分）↓涼しい（10分）↓温かい（10分）↓涼しい（5分）↓瞑想（10分）↓仕事（5分）」で行ないましょう。

さらに佐藤式気功の醍醐味を体感することができます。

①**温かいモード**（10分）…下半身が温かくなり、上半身が涼しくなる。

←②**涼しいモード**（10分）… 下半身が穏やかな温かさになり、上半身が涼しさが増して軽くなる。

←③**温かいモード**（10分）… 全身が深いリラックス状態になる。

←④**涼しいモード**（5分）… さらに深い変性意識状態になる。

←⑤**瞑想モード**（10分）… 体と頭がシャキッとして、いくら思考を働かせても雑念が湧いてこない。

←⑥**仕事モード**（5分）…肉体感覚に戻り、下半身が充実、上半身が軽い、上虚下実状態になる。

佐藤式気功には「アナログモード」として2種類（温かいモード・涼しいモード）、「デジタルモード」として4種類（仕事モード・おやすみモード・瞑想モード・体外離脱モード）のバリエーションがあります。

このアナログモードとデジタルモード合わせて6種類のモードを自由に組み合わせることで、あらゆる生活のシーンで活用できます。

例えば、右の30分のコースと50分のコースでは、温かいモードから始まり、涼しいモード、2回目の温かいモードまでは同じステップです。ここまででも非常に深いリラックス感があり、癒されているという実感があります。

50分かけて自己トレーニングを行なう場合は、さらに④の涼しいモード（5分間）に進みます。

ここでさらに深い変性意識状態になり、肉体感覚が喪失していきます。

次に、瞑想モード（10分）にコネクトします。瞑想モードはデジタルモードです。平常時では感じることが出来ない至福感を感じます。このレベルでは、下丹田に意識集中しようとする意志がなくても安定しています。ストレスが強いと通常は眉間に意識が向けられますが、瞑想レベルでは下丹田に意識が移動します。

最後に仕事モード（5分）にコネクト。「雑念のないクールな感覚」「身体の安定感」などの感覚を持つ人が多いようです。気の重心は足裏に感じ、安定感とともに、体全体がとても軽く感じられます。

❹ 自己トレで好転反応が出たときの対処法

自然治癒力により身体が健康を取り戻す過程で、一時的に症状が悪化したように見えるさまざまな反応が現れることがあります。これを好転反応といいます。漢方では「めんげん現象」と呼ばれるもので、いずれは治まっていくものです。

佐藤式気功は好転反応の少ない気功法ですが、心身に深いストレスがあって感受性の高い方の中に好転反応が現れることがあります。

新潟大学大学院の安保徹先生はこうした反応を「副交感神経反応」といい、自律神経の働きにより起こる生体反応であると言っています。私は安保先生の考え方を参考にして、好転反応は次のような理由で起きるものと考えています。

1、好転反応は、心身の疲れが原因で「身体からの休眠・休息をしなさい」というメッセージ反応である。
2、好転反応は、施療を行なった後に意識の深い所にあったストレスが意識の表面に上ってきた時に起きる反応である。
3、好転反応は、自然治癒力が働いているときに起きる反応である。
西洋医学の薬の副作用とは違い、「心身の疲れ反応」「自然治癒力反応」であり、身体が正常化し、活性化していく過程が完了すれば、好転反応も終わります。
対処法は、慌てず、下丹田に手を当て、そこにしっかり意識を向けて、「仕事モード」を3分間行ないます。それで好転反応が軽減されるでしょう。または、自己トレを止めて、2、3分横になっているのもいいでしょう。

【注意事項】

＊デジタルモードを活用して自己トレーニングを行なう人は、対面式外気功を受療した方に限ります。
＊対面式外気功を受療され、気の重心が「足裏」に下がった方で、資格があり、施術行為

の認可を受けている方は、他者に対して自己トレーニングの指導および遠隔気功、対面式外気功を施術することができます。無資格者の場合、施術や指導は、家族や身内に限り可能です。その場合でも、本人の了解の上で、コミュニケーションを取りながら行なうことが必要であり、その方が効果的です。

＊医師より統合失調症、ボーダラインと診断された方は、自己トレーニングは控えてください。

＊医師より躁うつ病および不安神経症、強迫神経症、対人恐怖症など神経症と診断された方は、当センターで対面式外気功を受療した後に自己トレーニングを行なってください。

❺ リラックス法をマスターして免疫力アップ！

免疫力を高めるリラックス法

ほとんどの病気が、ストレスなどの交感神経の緊張による顆粒球の増加、血流障害が原因となって起こります。従って、副交感神経を刺激することで、血流をよくして、免疫力を高めることができます。

次にあげるようなリラックス法でストレスを解消しながら、ストレスと上手に付き合っていきましょう。その際、佐藤式気功法の自己トレーニングを併せて行なうことで、免疫力アップに相乗的な効果を発揮します。

＊笑う――「笑う門には福来る」というのは本当です。大いに笑って幸せになりましょう。「笑い」は脳を刺激し、免疫力を高める効果が明らかになっています。大笑いは、腸を動かし、便秘にも効果があります。また、快感物質といわれる脳内ホルモンのβ-エンドルフィンの増加による鎮静効果、セロトニンという脳内神経伝達物質の分泌が増えることで、うつ病の予防にもなることがわかっています。

＊散歩――ゆっくり、無理なく、散歩を習慣にしましょう。
いくら健康に良いといっても、運動をやりすぎるのは、交感神経を刺激するのでストレスとなります。その点、散歩は適度に脚や腰の筋肉を使うので血行が良くなるし、使わない筋肉の筋力向上にも有益です。散歩することで筋肉に熱が発生して、体温が上がり、免

疫力が高まります。

＊風呂・温める――入浴は「体温免疫療法」としてオススメです。

体温を一度下げると、免疫力は六分の一になるともいわれています。ですから身体を温めることは免疫力アップに直接つながります。その点で入浴は、体温を上げ、血行を良くする方法として最適です。ただ、入浴は案外体力を消耗させるので、体力のない人は、三十八、九度のぬる目のお湯にゆっくり入ることをお勧めします。「半身浴」や「足湯」に30分くらい時間をかけて入るのもよい方法です。

＊無理しすぎない――いつも休みなくがんばる必要はありません。

誰でも職場や学校で、多少のストレスにさらされているのではないでしょうか。ある程度のストレスは耐久力を養いますが、許容範囲を超えたストレスは、自律神経が乱れて免疫力が低下してしまいます。そんなときは、闘うばかりでなく、頑張らないで一時避難してもいいのではないでしょうか。「なんとかなるさ」と開き直って、自分を一度解放してあげることも必要です。

お風呂・温まる
笑う
無理をしすぎない
あとは明日!
散歩をする
好きなことをする

＊好きなことをする――好きなことをする自分だけのとっておきの時間を作りましょう。自分の一番心地よいと思うことをする時間は、最高のリラックスタイムです。読書をする、映画を見る、温泉につかる、歌う、趣味の時間を過ごす、など……。好きなことや楽しいことをすれば、がん細胞を攻撃するＮＫ細胞が活性化することもわかっています。

6章
佐藤式気功を知ろうQ＆A

これまで佐藤式気功に寄せられた質問の数々、
毎日の施療を通じて私が気づいたことなど、
まとめて紹介します。
佐藤式気功について新しい発見があるかもしれません。

❶ユニーク気功法――佐藤式気功の基本知識

Q. 佐藤式気功の大きな特徴とは？

A. 他の気功法には見られない大きな特徴があります。

一般の気功は、外界（外側）から気が体内に入ってきますが、佐藤式気功は内界（内側）から体内に気が湧き上がってきます。一般の気功は、呼吸法やイメージングなどのテクニックを使って体内に気を取り込みますが、佐藤式気功はテクニックを必要とせず、意識するだけで体内に気が湧いてきます。一般の気功は、気の重心が丹田（下腹部）にありますが、佐藤式気功は足裏まで下がります。

Q. どうして意識するだけで気をコントロールできるのですか？

A. 私の仮説ですが、外界の気の場合は物質の影響を受けながら気を取り込むことになります。

一方、内側の内界の気は物質の影響を受けないため、意識するだけで直接的にコネクトできるのではないかと思っています。

Q．従来の気功とどこが大きく違うのですか？

A．従来の気功は、体の外（外界）にある気を利用するので、体を動かしたり、呼吸法を使ったり、イメージしたり、念じたりと、さまざまなテクニックを使って体内に気を入れることになります。よって、気を取り入れるのはけっこう大変なんです。そのためのテクニックは数百種類あるといわれ、数ヵ月～数年の修練が当たり前の世界です。

ところが、佐藤気功のように体の内側（内界）にある気を利用する場合は、テクニックは必要とせず、単に意識するだけで気を簡単にコントロールできます。その簡単さが大きな違いです。

Q．佐藤式気功の「気」とはどんなもの？

A．私は気の働きに応じて、二種類の気に分類できると考えています。「収縮気」と「拡大気」です。従来の気功にはこのような概念はありません。

Q. 収縮気と拡大気はどのような気の力ですか？

A.「収縮気」は、意識を身体化する気の力です。体の新陳代謝を促進し、気力、体力を発揮します。一方、「拡大気」は意識を身体から開放させ、精霊化する気の力です。寛容や包容力を発揮し、深いリラックスや熟睡状態にする働きがあります。体外離脱を可能にする気でもあります。

そして、気は自律神経系に直接働き、収縮気は交感神経系に、拡大気は副交感神経系に作用します。このように気の力が自律神経系に直接働くことから、気は心と身体の双方の力をつくっていると理解しています。

Q. 収縮気と拡大気はどこから湧いてくるの

A. 収縮気は下丹田から、拡大気は中丹田から湧いてきます。その時の反応は、収縮気は下腹部の中から、キュッとエネルギーが収縮して、温かく集まった感じです。一方、拡大気は胸の周囲が拡大して、呼吸が深くなった感じです。そして、収縮気と拡大気が体内で融合すると、収縮気により気の働きがぶれないように安定させながら、拡大気により気が無限に広がっていきます。

Q. 良い気、悪い気はありますか？

A. あります。自然界にある外界の気には収縮気と拡大気がありますが、どちらにも良い気（正気）と悪い気（邪気）があると思います。自分に関わる良い気、悪い気の判断は、佐藤式気功では、「気の重心」で行ないます。気の重心が「腹」より下にあるときは良い気が優位。「腹」より上にあるときは悪い気が優位と判断します。

もちろん、腹より下は「膝」↓「足裏」↓「地球の中心」↓「宇宙の中心」まであり、下に下がれば下がるほど、良い気がたくさんあることになります。逆に、腹より上には「胸」↓「肩」↓「頭」↓「頭上」があり、上に上がれば上がるほど、悪い気が多くあることになります。

このように気の重心を感じることができると自然界にあるさまざまな場所や物質、そして人間の肉体、それも個々の臓器の状態まで詳細に知ることができます。

Q. 邪気を消す方法を教えてください

A. 悪い気のことを邪気といいます。邪気は人間の身体にとっても自然界にとっても好ましくありません。特に都市部または都市部に住んでいる人たちの身体は、邪気優位の状態になっている場合が多いようです。それは気の重心を感じることで、かなり詳しく知ることができます。

具体的に体内の邪気を消す方法は、外界の気（収縮気・拡大気）をコントロールしながら消す方法と、内界の気をコントロールしながら消す方法があります。前者は気の重心を「腹」まで下げることにより、正気（良い気）優位の健康を保つことができます。また、優れた特異功能者は「足裏」「地球の中心」まで重心を下げ、心身をより健康に保つことができます。

一方、内界の気をコントロールする場合は、気の重心を究極は「宇宙の中心」まで下げることができ、心身ともに安定した正気優位に保つことができます。しかもこの方法は、「だれでも、どこでも、いつでも」簡単にできることが特徴です。また、自分の体内の邪気を消す（減少させる）ことができるだけではなく、内界から湧き上がる気は、自然界にある外界の気にも影響を与え、自然界の邪気優位な状況を、正気優位にすることも可能になります。その結果、自然界の環境全体が浄化されます。

Q. 気を一度コネクトすれば、自由に動けるのですか？

A. 一度コネクトすれば自由に行動しながら気を送れます。これは自己トレーニングでも他者に対する施療でも同じで、気のコントロールを意識体にゆだねることで可能になるわけです。

佐藤式気功では、肉体から意識体に「温かい」「涼しい」という言葉が伝達されると、意識体が自ら内界の扉を開放し、内界の気が意識体を介して体内に取り入れられます。つまり、意識体主体で行なわれるのです。しかも内界の気は物質の影響を一切受けませんから、身体感覚としては、柔らかさと精神性を感じることができます。

Q. 先生は疲れないのですか？

A. 疲れます。大きな病気は一切ありませんが、疲れることはあります。これは意識体からのメッセージだと思っています。周囲に対する配慮が足りない時や、身体へのいたわりが不足すると不調を感じることがあります。

気功で体外離脱が起きたり、難しい病気が回復したり、人間関係が良くなると、みなさんから不思議だとよくいわれますが、私自身はスーパーマンでも仙人でもありません。すべて体内に存在する意識体の気の力によるものです。

Q. 気の重心って大事ですか？

A. 「あの人は腹が据わっている」などという場合、それは器の大きい人物の証として、たいていは褒め言葉になります。その腹が据わる場所を丹田といいます。また、健康の証として頭寒足熱とか上虚下実ということばを使いますが、これは身体の中心にある丹田に気が定まっていて、下半身が充実して上半身がリラックスしている状態です。

「気の重心」とは、いわゆる気が定まっている所（充実している所）、または気が意識される所だと私は理解しています。ですから、気の重心はとても大事ですし、上にあるほど不健康で、下にあるほどより安定します。

Q．ヨーガではグランディングが重要だと言われていますが

A．佐藤式気功でもグランディングはとても重要だと考えます。佐藤式気功ではグランディングとは気の重心のこと。気の重心が下がれば下がるほどグランディング効果は高くなります。

グランディング効果が高くなると、体内にある悪い気（邪気）がスピーディに外界に出て、サムシング・グレートと地球間にある気の循環システムに乗り、サムシング・グレートで浄化、再生されます。一人一人がグランディングを重視することで、やがては外界の浄化にもつながっていきます。

❷ 佐藤式気功の癒しのメカニズムとは

Q．癒しの効果を表すデータはありますか？

A．はい、脳波と皮膚温の測定データがあります。

脳波については、佐藤式気功の送気時に、深いリラックス状態、いわゆる変性意識状態のとき、前頭葉にアルファ波、デルタ波、シータ波が測定されました。

従来の気功では前頭葉にアルファ波が、禅僧などによる深い瞑想状態ではシータ波の検出が報告されています。しかし、佐藤式気功のように三つの脳波が一度に測定された事例はありません。

皮膚温に関しては、浅いリラックス状態では皮膚温が上昇する点は一見従来の気功の変化と似ています。ところが、さらに深いリラックス状態になると、皮膚温が下がります。そこがこの気功の特徴です。

一般的に皮膚温が低下すると新陳代謝が下がり、血液循環が悪いと判断されることが多く、それは交感神経が過度に緊張したときに起きるものと考えられています。ところが、今回のように深いリラックス状態での皮膚温の低下は、副交感神経が優位に働いているときなので、通常の反応とは明らかに異なっているわけです。

Q. これまでに科学的検証はしてきましたか?

A. 古くは1992年から電気通信大学、東北大学、東北学院大学、日本医科大学、東京工業大学など複数の大学、およびソニーなどと共同研究を重ねてきました。

今日に至るまで、佐藤式気功の功能などに関する2編の原著論文と、3編の研究論文が、人体科学会や国際生命情報科学会の学会誌に掲載されています。

Q. 気の重心が「足裏」まで下がると言っていますが、丹田とどこが違うの?

A. 下丹田に重心がある場合は、下半身が充実してずっしり重みがあり、上半身がリラックスして軽くなる身体感覚が特徴です。足裏に重心がある場合は足裏が重く、さらに下から引っ張られる感覚や、足裏が床に吸い付くような感覚で、それ以外の身体はとても軽くなる感覚です。

前者は意識が下丹田にある感覚で、後者は下丹田よりさらに下がって足裏に意識があるので、「足裏重心」の方がさらに精神的な解放感が強く感じられます。
このような「足裏重心」感覚も、対面式外気功を5回受療するだけで、70％の方が体感しています。

Q．宇宙の中心に「気の重心」を感じるってどんな感覚ですか？

A．宇宙の中心に気の重心を感じる人の話を総合すると、まず自分の身体に透明感を感じるといいます。身体の存在を認識しながらも、身体を超越したような不思議な感覚です。身体に対する力みがなく、心身ともにリラックスして、しかも安定感のある感覚だといえるでしょう。

科学的説明はできませんが、気の重心が下がる理由は、身体の中から湧いてくる拡大気にメカニズムがあると思っています。

外界にも拡大気はありますが、内界から直接意識体に入って外界に湧き出る拡大気は宇宙までにも広がって、宇宙の中心につながっているのです。ですから、気感を高め、気の重心が感じられるようになれば、宇宙の中心につながる感覚は誰にでも起こりえる感覚だと思います。

Q．気の重心が上がると身体や心によくないのですか？

A．佐藤気功センターに訪れる方の多くは、気の重心が「頭」にあります。

このときの身体感覚は、五感の感覚ではごく普通にしか感じられず、病気や自覚症状を訴えないことがあります。長い間このような身体感覚を持っていると、それが平常の感覚だというふうに脳が認識してしまうのではないでしょうか。不調なはずなのに自覚症状のないまま、慢性化しているともいえます。

このような状態で佐藤式気功を受療すると、徐々に重心が下がってきます。「足裏」に下がると、頭にあった意識が足裏に感じられ、頭の軽さや下半身の安定をここで感じます。精神的には、落ち着いた穏やかな気持ちになります。

受療が終わった後、比較のために気功を受ける前の気の重心に一時的に戻してみると、たちまち頭に重さを感じ、下半身に不安定さを感じます。緊張感が出て、雑念が湧いてきます。来院された方の多くは、そのとき初めて、気の重心が上がっていると体や心に良くないことだと理解します。そこからは、再び気の重心を上げないように自己トレーニングに励むようになるというわけです。

Q.温かいモード→涼しいモード→温かいモードを繰り返す意味は？

A.温かいモード時は、収縮気が優位に働きながら拡大気も同時に湧いてきます。拡大気はそれ自体の働きと同時に、収縮気の力が発揮できるようにサポートするプロデューサーのような存在なのです。その結果、下半身に温かさ、上半身に涼しさが広がってきます。

次に、涼しいモードを行なうと拡大気が優位に働きつつ収縮気をサポートしているので、頭寒足熱を保持しながらも深いリラックスと解放感が全身に広がってきます。

次に温かいモードにすると再び収縮気優位になりますが、拡大気のコントロールにより、より深いリラックスと解放感が広がり、安定感が増してきます。

このように温かいモードと涼しいモードを限りなく繰り返すことにより、深いリラックスと解放感がますます広がっていき、安定感がより強化されることになります。繰り返すことが、さらなる効果を高める秘訣なのです。

Q.「おこぼれモード」とか「おすそ分けモード」ってなんですか？

A.「おこぼれモード」というのは、私が遠隔気功や対面式外気功を施療している時に、みなさんが私の意識体に「おこぼれ頂戴します」とコネクトすると、私の意識体につながり、気を受けることができるということです。

一方、「おすそ分けモード」は、「おこぼれモード」で気を受けている人が、その際に家族のだれかを意識して「おすそ分けします」とコネクトすると、その家族にも気が送られるという仕組みです。

自己トレーニングで気を体感できる人は、「おこぼれモード」や「おすそ分けモード」を日常的に活用しています。また、自分の気の重心が足裏に下がったことを体感できる方が、おすそ分けモードを行なうと顕著な効果があります。さらに受け手の気の重心を感じながら気を送ることもできます。そうすれば受け手の体や心の状態も確認できます。

❸ 免疫力を上げる佐藤式気功のパワーとは

Q. 佐藤式気功の生命力と自律神経、病気との関連について教えてください

A. 佐藤式気功では、収縮気と拡大気の総和を生命力と考えています。

生命力が低下すると不快な自覚症状や病気を感じるようになります。生命力が30％以下になると、下丹田タイプは過度に交感神経が緊張し、免疫反応が低下し、癌・虚血性心疾患・脳血管障害になりやすい傾向にあります。

中丹田タイプは過度に副交感神経が緊張し、免疫反応が過剰反応になり、アレルギー疾患・自己免疫病・躁うつ病・神経症になりやすい傾向にあります。

Q. 季節の変わり目や雨が降ると調子が悪くなるのはなぜですか?

A. 「福田―安保理論」によると、気圧と自律神経に関係があるようです。曇った日(低気圧)になると酸素量が少なくなるので、身体は代謝をおさえようとして、体調的にはやる気が起きない、だるい状態になったりします。これは副交感神経が優位になったリラックスモードでもあります。リラックスモードは、働きすぎた私たちの体や心に、休眠、休息を与えますので、こういう日は、むしろ休息日と割り切って無理しないで過ごした方がいいのかもしれません。
しかし、副交感神経優位でリラックスしたとしても、生命力が50%以下になっている状態だと、体や心に不快な自覚症状が出るようになります。

Q. 薬を飲み続けているのに、一向によくならないのはなぜですか?

A. 佐藤式気功では、生命力が落ちている状態のままでは、病気は根本的には良くならな

●季節と免疫の関係

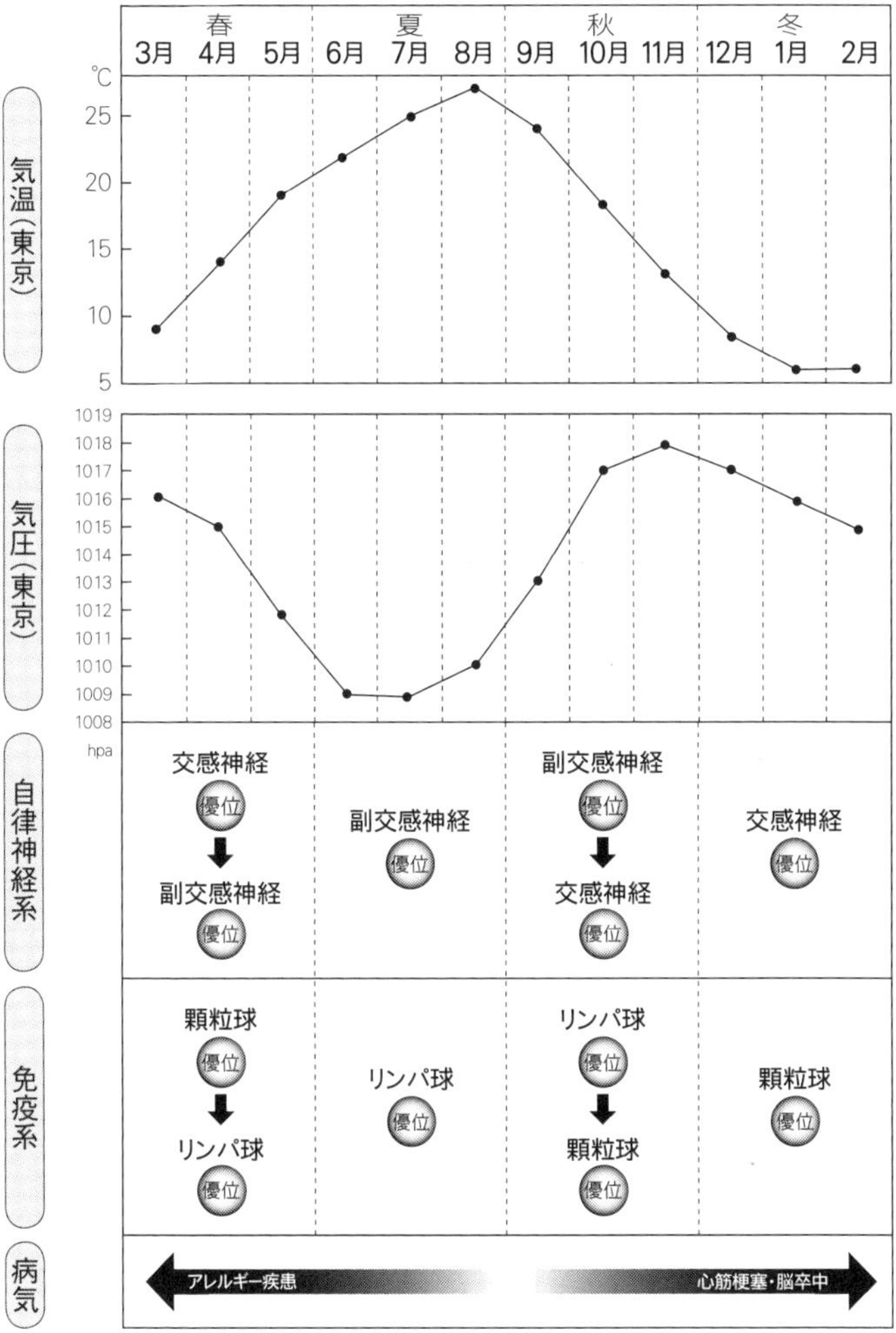

春
夏
秋
冬
3月
4月
5月
6月
7月
8月
9月
10月
11月
12月
1月
2月
℃
25
20
15
10
5
気温(東京)
1019
1018
1017
1016
1015
1014
1013
1012
1011
1010
1009
1008
hpa
気圧(東京)
自律神経系
交感神経
優位
副交感神経
優位
副交感神経
優位
副交感神経
優位
交感神経
優位
交感神経
優位
免疫系
顆粒球
優位
リンパ球
優位
リンパ球
優位
リンパ球
優位
顆粒球
優位
顆粒球
優位
病気
アレルギー疾患
心筋梗塞・脳卒中

いと考えています。多くの人は、生命力30％以下の状態になっていることに気づかず、ただ副交感神経の働きを抑止する方向で、薬による対症療法を行なおうとします。これは一時しのぎであり、むしろ症状を悪化させてしまう心配があります。

そこで佐藤式気功では、副交感神経を優位にしながら、生命力を少なくとも60％以上に高め、心と体を軽く健やかにする方向で施術を行ない、病気の原因そのものに働きかけます。

Q. 佐藤式気功は胃潰瘍に効果はありますか？

A. 胃潰瘍の原因となる身体的ストレスとしては、お酒の飲みすぎ、食べすぎ、目の使いすぎが考えられます。精神的ストレスとしては、考えすぎ、がまんのしすぎ、こだわりが強いことなどがあります。対策として、身体的ストレスは自分の強い意志で止めることもできますが、精神的ストレスは、簡単に軽減できるものではありません。

その点、佐藤式気功は心を軽くする療法なので、ストレスによる胃潰瘍には効果が顕著に表れます。心が軽くなると体の負担も軽くなるので、潰瘍もなくなり正常な細胞に戻りやすくなります。

Q. 佐藤式気功は不眠症によく効くの?

A. たしかに佐藤式気功を受療された多くの方から、「よく眠れるようになった」との声をいただいています。佐藤気功は睡眠改善効果が著しい気功といえます。

不眠症は慢性化するとさまざまな心身の病気を引き起こします。たとえば、最近多い躁うつ病、不安神経症、対人恐怖症、強迫神経症、ひきこもり等の心の病気では、不眠症が慢性化しており、薬の問題もあり、回復が困難ともいわれています。不眠症を軽く考えず、早期に改善するように心がけたいものです。

佐藤式気功が不眠症に効果をもたらすことは、脳波などの測定データでも明らかです。佐藤式気功を送気すると副交感神経が優位になり、脳波のアルファ波とデルタ波が前頭葉に検出されることでわかります。通常睡眠時に現れるのはデルタ波となりますが、実際はアルファ波とデルタ波が同時に検出されているときの方が、目覚めたときのすっきり感は顕著のようです。

Q. 視床下部の働きが低下すると身体に悪い影響がありますか?

A. 最近では、気の重心が「頭」にあって、視床下部の働きが低下している方が増えているようです。私は、長年の経験から、身体の病気、心の病気ともに、病気を複雑にしているのは視床下部の機能低下が大きいと確信しています。現実に視床下部への気功施療により、脳に深い解放感が伴うと、多くの自覚症状、病気が回復に向かうことを見ているからです。とくに不眠症の改善には密接なつながりがあるようです。

❹ 心とからだの癒し効果

Q. どうして熟睡すると心の病気が回復しやすくなるのですか？

A. 昔から一日の疲れをとるのに一番効果があるのは「熟睡」だといわれてきました。しかし、いつのまにかこの考えは後ろに追いやられ、体を動かしたり、スポーツをしたり、何かに集中したりと、交感神経優位にすることで疲れを克服する考え方がもてはやされているようです。

佐藤気功は、福田―安保理論から生まれた自律神経免疫療法を参考にして、副交感神経を優位にして疲れや病気を克服する方法を重視しています。

特に拡大気の働きを活発にすることにより、副交感神経を優位にする方法を発見しました。副交感神経が優位になると、体内が頭寒足熱の深いリラックス状態になるので、熟睡できるのです。この熟睡による脳の休眠・休息中に、心の疲れを癒し、こころの病気回復が図られるというわけです。

Q．佐藤気功センターを訪れる方は心の病を訴える人が多いとか

A．約50％の人が、うつ病をはじめさまざまな神経症で訪れます。ほか20％の人は半健康状態で、薬は飲んでいませんが、精神的なストレスを抱えており、軽い自覚症状を訴えます。

残りの30％の人は、病気改善ではなく自己啓発を目的として来院されます。

Q．佐藤式気功はお産にいいと聞きますが

A．先日、妊娠7ヵ月目の女性が来られました。その女性は、気功中に気持ちよさと、気の深さと広がりを感じたといいます。そして女性から、「この気功は生まれてくる赤ちゃんにもいいんですか」と尋ねられたので、ご自身でお腹の赤ちゃんの意識を感じてもらいました。すると自分の意識のときと同様に至福感を感じたといいます。

赤ちゃんがこの世に誕生する前から、このような至福に満ちた精神状態であれば、それはとてもいいことです。ストレス社会の今、赤ちゃんが心身ともに健康な状態で生まれてくることは、多くの母親にとっては切なる望みです。さらに、気の重心が下がった状態で誕生すれば、そのお子さんは成長していく過程で、精神的にも肉体的にも安定して生きていけるのではないでしょうか。

Q．最近、大きな社会問題になっているニートやひきこもりの原因は？

A．やはりストレスの影響が大きいと思います。ニートとかひきこもりは、ストレスによる過度の交感神経緊張状態に置かれたのち、その防衛反応として極度の副交感神経緊張状態に偏っている人たちだと考えられます。このような人たちを佐藤式気功では中丹田タイプといいます。

彼らが、生きがいや、やる気が出ないのは深くリラックスできないから、心が満たされていないからではないでしょうか。佐藤式気功であればほんとうのリラックスを可能にします。

Q．無意識下の深いストレスも癒すことができますか

A．なんとなく体が重いとか、不安を感じるのは、意識上にあるストレスの現れです。実感として体がつらいとか、不安をコントロールできなくなる場合は、無意識下にあるストレスが意識上に上ってきた、いわゆる内的ストレスのためです。

対症療法であれば、意識上に上がってきた内的ストレスを薬で抑えて体感できないようにすることでしょう。心理療法であれば、精神分析、夢分析、カウンセリングなどを利用して、内的ストレスと向き合うことにより自覚症状を取り去ろうとします。しかし、ストレスと向き合う際に意識と無意識との激しい葛藤が起こり、つらい自覚症状が出ることがあり、そのせいで治療をあきらめてしまうこともあります。

佐藤式気功では、無意識の内的ストレスに直接気を送ることにより、根本から癒すことに力を注ぎます。

Q. 緊張しすぎると体に変調が起きますが、リラックスしすぎるとどうなりますか?

A. リラックスしすぎるとはどういうことをいうのでしょうか。ふつうは活動的でキビキビしている状態を健康的と考えます。しかし、活動が限度を超えると、過度の緊張になり、体に変調をきたします。

反対に不健康な状態とは、ダラダラ、グズグズしてやる気のない状態。このような状態はリラックスのしすぎと解釈できます。最近、社会問題になっているニートや引きこもりのイメージと重なります。その原因としては、自律神経の考え方でいえば、過度に交感神経が緊張したあとに生体防衛機能が働き、過度の副交感神経緊張状態になったものと思われます。中丹田タイプの人たちが生命力30％以下になった時によくみられる症状です。これはひと言でいえば「心が満たされていない」ままでの過度の緊張状態だと思っています。

Q．急増する痛ましい事件について何か解決法はありますか

A．このところ親子間のトラブルが報道されることも珍しくなくなっています。若者による「親殺し」、幼い子どもに手をかける「子殺し」の事件が多発しているのです。東京大学名誉教授で脳研究の第一人者である養老猛司さんは、このような「異常な状況」に対し、解決法の1つとして「子どもには体を使って働かせなさい」といっておられます。

この「体を使う」「肉体労働をする」ということは、気功的にいってもまさに理に適っており、体を使うことで、気の重心を「丹田」に落としなさいということになります。そうすれば、「下半身が充実して」「上半身が軽くなる」という身体のバランス関係が整います。そうなると「疲れにくい」とか「よく眠れる」といった心身の安定を感じることもできます。これが親子間の異常事態を解決する一つの方法になることは間違いありません。

当センターに来院する大人も子供も気の重心が「頭」に上がっていることが多く、意識がいつも頭にあって、これが普通になってしまっているのです。現在社会問題になっているニート、ひきこもり、自殺、痛ましい事件などは、病気のときと同じく気が上がっていることの反映だと思います。

しかし、「体を使う」「気の重心を丹田に下げる」だけでは解決策として十分ではなく、私はもう一歩、気の重心を足裏にまで下げる必要があると思っています。なぜなら、足裏重心のとき、現実として家族内の人間関係、会社内の人間関係、そして友人関係がうまくいくことが多いからです。わかっていることは、気の重心が「足裏」にあるときの感覚は、全身が軽くなり、頭はとてもクリアーで、雑念が湧いてこない状態であること。呼吸も楽で、常に人間関係は冷静さを保ち、穏やかな気持ちで対応できることです。

❺ スピリチュアル・ヒーリングについて

Q．「スピリチュアル・ヒーリング」がブームになっていますが、佐藤式気功との違いは？

A．私の元には、スピリチュアル系の本を読んだり、カウンセリングを受けた後で来られる方が半数くらいいらっしゃいます。佐藤式気功もスピリチュアル系の気功ですが、大きな違いは、「身体、心、たましい」が一体となった養生を目指していることです。

スピリチュアルとは、現実離れした別次元の存在ではありません。むしろ健康という現実の中に取り込み、気軽に活用できる健康法にしたいと思っています。

本やカウンセリングだけでは解決できない心や身体の問題も、佐藤式気功なら現実的に解消できます。病気回復の他に、自己啓発能力も高まり、自ら解決できる力が体の中から湧いてくるところに、他所とは違う満足感を見出してもらっているのかもしれません。

Q．心と意識体（たましい）は同じこと？

A．違います。心とは、肉体に宿っている気の働きを指していると私は考えています。心には意識と無意識がありますが、意識状態とは収縮気を中心とした気の働きを表し、無意識状態とは拡大気を中心とした気の働きを表していると考えます。

意識体（たましい）とは物質世界のこの世に宿り、肉体に気を注入して、肉体の内側に心をつくる霊的存在であると理解しています。よって、肉体と意識体は実体として存在しますが、心はあくまでも気の働きによってつくられた産物に過ぎないと考えられます。

肉体を形のあるハードウェアに例えれば、心は形のないソフトウェアということになります。ですから、人が死を迎えるときは、肉体が消滅すると肉体に宿っている気も消滅するので、心も消滅すると考えます。意識体（たましい）だけが永遠の旅へと離脱していきます。

Q．死後、意識体（たましい）はどこにいくのでしょうか

A．仏教では死後四十九日間は、たましいがこの世とあの世の中間の世界にいると言われています。佐藤式気功では体外離脱実験を通じて、意識体が過去世にいることを何度も確認しています。

過去世は現世（この世）と中間世（あの世）へ旅立つ通過点です。その様子は、ほとんど現世と変わりありませんが、時間や空間がなく、それらをすべて超越している世界です。亡くなられた方の多くが49日間はこの過去世にいて、お世話になっている方に最後のご挨拶をしてから中間世へ昇天するものと思います。また、この間は現世に対するこだわりや執着をできるだけ解消させるための、修行の期間でもあると思います。

昔から大往生ということばがありますが、これはこの世に対する執着が全くなく、100％この世での生き方に満足し、納得した方の場合をいうのではないでしょうか。恐らくこれらの意識体は、49日の期間に関係なくすぐに中間世に昇天するのではないで

しょうか。

佐藤式気功を体験し、気の重心が「足裏」よりも下がった人が、こだわりや執着がなくなってきたとよく話しています。身体が軽いというだけではなく、心も軽く自然体で生きていられるともいいます。命の終わりを迎える時には大往生できる可能性が高い方々かもしれません。

Q. 現世に残る霊はあるのですか？

A. 不幸にしてこだわりや執着が強く、光の中間世に旅立つことができない人もいます。300人近い体外離脱体験をした人たちの証言によれば、次のような場合がみられるそうです。
一つは、現世に対する未練がある意識体（たましい）が、親族や関係者、理解してくれそうな人の意識に訴えてくることがあること。現世には物質と気がありますが、意識体（たましい）は気を受けて生きていることから、現世の気を受けながら訴えているのです。よく霊をテーマにしたテレビ番組で、霊能者が除霊したり浄霊している場面を見ますが、それが現世に残っている意識体です。

二つ目は、中間世の闇の世界にいる意識体の存在です。前者の意識体の場合とは、こだわりや執着の程度がかなり違います。例えになるかわかりませんが、前者は頭痛を訴えている感じです。後者は頭痛もわからないほどのマヒの状態で、むしろそのマヒが心地よさをも感じる異常な状態です。中間世は「光の世界」と「闇の世界」に分かれて階層世界になっています。光の世界の意識体は闇の世界を光にしようとしていますし、闇の世界の意識体は光の世界を闇にしようと念じています。

なぜ、このような階層世界ができてしまったのかと考えるに、私は、現世の複雑化が原因となっていると思います。現実に、自然界の汚染や人間意識の複雑化が世界中に広がり、原因不明の病気、心の病、自殺者の増加、そして自然環境の破壊などが起きています。癌、虚血性心疾患、脳血管障害で亡くなられる方が全死因の25%を占めるといわれているのも、そうした背景があることと無関係ではないでしょう。

Q. スピリチュアル気功としての使命は何ですか?

A. 誰もが遺伝子によって肉体の死を逃れることはできません。しかし、地球内で起きている異常な状態により、死後現世に残る意識体や闇の世界にトリップしてしまう意識体があり、そうしたことを増大させないためにも佐藤式気功の役割があると思っています。

解決法はただひとつ、地球の現世を複雑なものからシンプルなものにすることです。世界の多くの人々の気の重心を「足裏」以下に下げることです。そうしてこだわりや執着心が解消されることにより、中間世の光の世界に旅立つことができます。そのことが階層世界をシンプルにできることではないかと私は思っています。

Q. 優れた能力を持つ人たちは「第三の目」が覚醒していると聞きますが？

A. 特殊な能力や才能を持つに至った理由として、三通りの理由が考えられます。

一つは厳しい訓練や修行を実行した人、たとえば修行僧やトップアスリートたちです。これらの人たちは、後天的に第三の目が覚醒して、超人的な才能が引き出されたというべきでしょう。

二つ目は、先天的に第三の目が覚醒しやすい素質を持っている人たちがいることです。一般的に天才芸術家と言われている人たちで、素晴らしい芸術作品を生み出すことが多いようです。

三つ目は、交通事故や耐え難いショックがきっかけで、突然第三の目が覚醒した人達です。これらの人たちには治療家が多いです。

ただ、第三の目が覚醒して超能力（特異功能）が発現したからといって、優れた人間であるとは必ずしもいえないと思っています。そのことによるリスクがあることも忘れてはならない点です。とくに人を治療する人は、その能力を過信して身心に無理をかけた結果、重い病気になってしまった例が少なくありません。その方々は明らかに気の重心が上がってしまっているのです。このような場合は、特異功能の長所を高めるためにも内界の気を体感させ、気の重心の大切さに気づいていただくようにしています。

超能力を身につけたとしても、むしろそれを特別視せず、人間としてトータルに能力を磨いてほしいと願います。安定した特異功能者は、社会にとってさまざまな分野で活躍して頂きたい人材であることは間違いないのですから。

Q．臨死体験は第三の目の覚醒に関係ありますか？

A．関係すると思います。臨死体験は、何らかのストレスで交感神経が過度に緊張した後に、生体防衛反応として瞬時に副交感神経が過度に緊張したときに起こる変性意識状態ではないかと考えています。

精神神経免疫学では、副交感神経が過度に緊張すると脳血流が減少し、意識を失うことがあるといいます。死をも望むほどの耐え難い痛みや衝撃的な体験から、一時的であれ私たちを救う手段として臨死体験が起こったのではないでしょうか。

❻ 体外離脱体験について

Q. 従来の体外離脱と佐藤式気功による体外離脱とはどこが違いますか？

A. 私の仮説に過ぎませんが、従来の体外離脱には三種類あると思います。第三の目の覚醒の過程で起こることもあります。

一つ目は厳しい訓練や修行を実行した人、たとえば修行僧やトップアスリートたちによる体外離脱です。これらの人たちは、交感神経を過度に緊張させ限界までチャレンジします。そうするとある種の変性意識が働き、第三の目が覚醒し、脳内物質（アドレナリン、ドーパミンなど）が過剰に分泌され体外離脱が起きます。そのときは、苦しさや痛みのない至福感に浸っているものと思われます。

二つ目は、芸術家や感受性の高い人たちが体外離脱するケースです。先天的に第三の目が覚醒しやすいので、精神的に過度に交感神経を緊張させていく過程で体外離脱が起きたり、徹夜が数日間続いたあと金縛りにかかり、その延長上に体外離脱が起きたりします。

三つ目は、臨死体験時に起きる体外離脱です。交通事故や一時的に心臓停止したときに、過度に副交感神経が緊張し、体外離脱が起きます。

これらに対して、佐藤式気功による体外離脱は、副交感神経を適度に緊張させ、深いリラックスのあとに変性意識状態になり体外離脱が起きます。ふつうには副交感神経優位になるだけでは体外離脱は起きませんが、その場合でも内界の収縮気と拡大気をコントロールすることにより可能になるものと思っています。

Q. 拡大気と体外離脱は関係ありますか？

A. 密接に関係しています。拡大気は深いリラックスや熟睡状態にする気の力です。その力が究極的に働いた場合、体外離脱を可能にします。

Q. リラックスするほど体外離脱しやすいってほんとうですか？

A. ほんとうです。深いリラックス状態でこそ体外離脱が可能となります。

佐藤式気功の拡大気には深さがあり、広がりがあります。気功により深いリラックス状態になり、最も心身のバランスのとれた安全な状態に身体レベルが上がったとき、はじめて体外離脱が可能になるのだと思います。そして、それは拡大気の働きにかかっています。

内界から湧いてくる気は、拡大気が収縮気をサポートしながら身体に働きかけています。野球で例えると、収縮気はピッチャー、拡大気はキャッチャーのような役割をしていると思っています。ですから、拡大気がしっかり働かないと収縮気の力が発揮できないのです。

ところで佐藤式気功では、スポーツなどの活動モードよりもむしろリラックスモードにして、身体を健康にするという考え方をとります。実際、拡大気の働きが強いために、リラックスしながら仕事をしたりスポーツをしたりすることができるのです。いわゆる「余裕のあるパフォーマンス」を可能にするわけで、この余裕こそが体外離脱への助走ともなるのです。

Q．気を体感しやすい人、体外離脱をしやすい人ってどんな人？

A．佐藤式気功では性格や体質として「下丹田タイプ」と「中丹田タイプ」に分類しています。気を体感しやすい人、体外離脱をしやすい人は中丹田タイプに多い傾向にあります。

なぜ人によって差がでるかというと、一つには、中丹田的な体質を先祖から受け継いだこと、つまり遺伝子によるものがあります。もう一つは、輪廻転生によるもので、過去生でどれだけスピリチュアルな人生を送ってきたかでも決まってきます。

ちなみに免疫の分野では、生体の個性を表すのにＨＬＡというタイプ分けをしています。

かかりやすい病気とかかりにくい病気がＨＬＡの分類でわかるそうです。ＨＬＡ（Human Lukocyte Antigen）とは、白血球の血液型のことで、ヒト白血球抗原と呼ばれています。ＨＬＡ抗原の適合が不可欠な臓器移植などに関連していうと、血縁関係であれば拒絶反応が起きないかといえばそうでもなく、親子関係でも拒絶反応が起きたりします。逆に血縁関係でない人でもＨＬＡ型が一致すると拒絶反応が起きないようです。輪廻転生説では血縁関係とはまったく縁がないところで人生を経験します。その辺のことと何か関係があるのでしょうか。

❼ 遠隔気功をうまく利用する方法

Q. 遠隔気功を行なう気功師は対面式に比べ少ないのですか？

A. 初めて気功を習う人は気功教室などに通い、内気功を行ないます。上達するまでは数ヵ月から数年かかるといわれています。さらにある程度のレベルに達すると外気功を習得しますが、数年から数十年かかるとも言われています。

一方、遠隔気功ができる気功師については二種類あり、外気功を長年修練し、頂点に達した人、もうひとつはあるときに突然能力が開花してできるようになった人です。佐藤式気功も後者に近いです。しかし、外界にある気をコントロールする人は、限られた特異能力のために、誰でもできるものではありません。

内界にある気をコントロールする佐藤式気功は、修練期間が短く、5回の対面式外気功を受療して70％の人が習得しています。だれでも、どこでも、いつでも遠隔気功が簡単にできます。

Q．遠隔気功ってどんな気功？

A．佐藤式気功法では、一般的に言われている外気功は対面式外気功と呼んでいます。流派によってさまざまな呼び方はありますが、いわゆる受け手（患者）と対面して気を送ることをいいます。それに対して、数キロメートル～数百キロメートル以上離れた受け手に気を送ることを、遠隔気功といいます。

Q．遠隔気功を利用すると効果が見込める人はどんな人ですか？

A．自宅で療養中の人、引きこもりの人およびその家族、寝たきりで介護を受けているお年寄り、家族の介護で外出できない介護者、海外旅行中の旅行者、急な腰痛や持病の発作時などの緊急を要する人、手術後の療養中の人、芸術的活動のインスピレーションがほしい人、能力開発を望むビジネスマンや受験勉強中の学生など。

❽ 気のパワーで自分を高めるために

Q. 病気の改善以外に、この気功をどのように活用できますか

A. 実際に気功を利用している受療者の話を総合すると、次のような活用をしている方が多いようです。

・ふだんの健康管理や病気になる前の予防医学に利用する。
・家族間や職場の人間関係を円滑にする。
・仕事で企画開発などに応用。
・スポーツ関係で記録や成績を高められる。
・芸術の分野では、意識的に集中しなくても、自然にインスピレーションが湧いてくる

ので良い作品作りができる。（創造的作業の際に佐藤式気功を利用するとまったく疲れずに集中力を発揮できるのも特徴）

・教育の場では、集中力や記憶力が高まる。雑念のないクリアーな思考で学習できる。

・寛容の精神が生まれ、本来人間に備わっている良心が自然に感じられ、教師と生徒間に良い関係が生まれる。

・農作物に気を送り続けると、糖度が増す。

Q．スポーツで良い結果を出せるようになりますか？

A．従来のパワートレーニングに、メンタルな気の力が加わりますので、耐えるスポーツから、楽しめるスポーツとして、余裕のあるパフォーマンスで競技に臨むことができます。その結果として、成績を向上させることができます。

自己トレーニングで、アナログモードとデジタルモードを自由に組み合わせができるようになると、下丹田がしっかりして、重心が足裏に下がりますが、このような身体感覚を維持できれば、さらにパフォーマンスを高めることが可能になります。

Q．佐藤式気功は自己啓発に役立ちますか？

A．はい、自己啓発を目的にする方も多いです。たとえば仕事や勉強を進める上で、集中力や記憶力が高まります。雑念のないクリアーな思考で作業できるので、能率が上がります。

また、寛容の精神が生まれ、本来人間に備わっている良心が自然に感じられるので、学校でも職場でも人間関係がスムーズになります。

スポーツの分野でも、音楽やアート、文芸などの芸術分野でも、体や精神に無理を与えず自分の能力を引き出すことができ、創造力を働かせることができるようになります。

Q．「まぁいいか」精神って、なんですか

A．佐藤式気功を受療して、気の重心が「腹」に下がり、次に「足裏」まで下がって安定していくと、疲れにくくなり、よく眠れるようになります。さらに人間関係もうまくいくようになります。足裏まで重心が下がると、周りにいる家族や友人の心を感じ取れるようになりますので、そのことが自然に思いやりや、やさしさとして、顔の表情や態度、話し方などに表れるのかも知れません。

さらに気の重心が「宇宙の中心」まで下がって安定している人であれば、本人がその場にいるだけで、周囲の家族や友人、仕事関係の人達の身体の痛みがとれたり、心が落ち着

いたり、やる気が起きたりすると聞きます。

興味深いのは、彼らに共通する気持ちとして、何事に対しても「まぁいいか」と思うことです。一見、無責任なことばに聞こえるかも知れませんが、現実には人間関係がうまくいくそうです。たしかに「まぁいいか」といえるのは、精神的に落ち着いていて、安定感があればこそ言える言葉。

健康で幸せになるために、「まぁいいか」精神で、がんばり過ぎず大らかに生きたいですね。

❾ 佐藤式気功を学んで人を癒したいあなたへ

Q. 佐藤式気功を勉強したら誰でも先生と同じようになれますか？

A. 意識体（たましい）にはそれぞれ個性があります。たとえ同じように気功の勉強をしても、意識体の個性力の高さに応じて、習得した技術や手法に個性が投影されます。ですから、全く同じになることはありえないと考えています。

これは私のインスピレーションで感じたことですが、佐藤式気功の学びのうちで、サムシング・グレートからの基礎的なエネルギーや情報が70％伝えられます。残りの30％は各々の意識体の個性を自ら磨くことにより、新たにつけ加えられ完成していくものであるということです。

ですから残りの30％は私が教えられるものではないようです。私自身も意識体の個性力を磨き、究極の100％に到達するように毎日励んでいるところです。

ただ、医療関係の仕事に従事する人は、外界で習得した技術に佐藤式気功を加味することにより癒しの効果を高めやすい立場にいるといえるでしょう。それ以外の仕事であっても、それぞれの知識や個性を活かしながら気功を学んでいくことが、素晴らしい効果につながります。

Q. 佐藤式気功は介護者の心のケアにも効果がありますか？

A. 毎日新聞の朝刊（二〇〇六年五月一日付）に、「高齢介護者の三割が『死にたい』心のケア急務」という記事があり、東海大学の保坂教授（精神医学）は「介護者はある意味で自殺のハイリスクグループといえる。孤独になりがちな介護者を地域ぐるみで支える仕組みが必要だ」と指摘しています。

しかし、そのような介護者を支える仕組みができるまでとても待てない、という現状があるのも事実。そんな中で、佐藤式気功なら、高齢介護者に今すぐ役立てることができるはずだとの思いを強くしています。

佐藤式気功センターには介護する側の人も、介護を受ける人（直接来られない寝たきりの人など）も、対面式外気功や遠隔気功を受療されています。介護する人は、対面式気功を5回受療されると、気の重心が「足裏」に下がります。その結果、疲れにくい、よく眠れる、心が楽になる、人間関係がよくなるなど、介護の疲れから解放され、身体と心に元気を取り戻すことができます。

介護される人は、佐藤式気功を習得した介護者によって体と心のケアを受けられます。もちろん介護される人が遠隔気功を受療することもでき、長い療養生活の中で少しでも心が晴れるお手伝いができます。気功の力を借りて、介護者も介護される人も元気になるということがいちばん大切だと思います。

Q. 佐藤式気功を学ぶにはどんなコースがありますか？

A. 上級者実践コースで気功を学べます。対面式外気功を5回受けて、気の重心が「足裏」に下がった人は、上級者実践コースを受講できます。

1ヵ月に1回、3回受講して、佐藤式気功の実践を中心に応用を学びます。

上級者実践コースを修了すると、修了者同志の仲間づくりとして、10名以内の小さなグループを自発的に作っていただき、佐藤気功センターとともに、意識のネットワークの構築に参加します。具体的には、グループごとに専用のホームページを制作し、佐藤気功センターと相互リンクして、その活動状況を広く情報公開することとします。

Q. 佐藤式気功が広まっていくと世界はどう変わりますか?

A. 私たちが住んでいる地球とサムシング・グレートの間には、壮大な気の循環システムが働いています。しかし、残念ながら地球の気の重心が上がってしまい、現在は循環システムが徐々に崩れ始めていると私は思います。原因は人と人、人と物との間の気の循環が悪くなった結果、人と人、人と物の間にストレスが生じ、そのストレスが連鎖反応のように広がっています。痛ましい紛争や事件が国内外で起こり、それが年々増加傾向にあるのも、そうした地球の循環システムの悪化が根底にあると思います。

私たちが住んでいるこの世界を正常化するには、もはや一人一人が内界の気（収縮気と拡大気）を体内に呼び込み、それをまた外界に送り出すことしかないと考えています。

それを可能にするのは、一人一人の気の重心が「足裏」から、さらに「宇宙の中心」まで、下がることです。すると、気の重心が下がった人が側にいるだけで周囲の人たちに変化が出るといいます。たとえば、教育現場にいる先生から、生徒の態度が暴力的だったのが穏やかになったとの報告がありました。スポーツ関係の人からは、自分自身の身体に力みがなくなり、自然体で競技ができるとのこと。リーダー的存在のその人がその場にいるだけで仲間たちが練習するのがとても楽しいといわれるそうです。このように内界の気を受けると、身体面だけではなく、精神面に大きな影響を与え、周囲にまで良い影響を及ぼします。

当面、私が期待しているのは、医療と教育の分野です。

医療面では、心のストレスからくるさまざまな悩みや障害に対するアプローチ。西洋医療の専門家が佐藤式気功を習得することにより、患者さんや相談者の気の重心を下げて、免疫力を高めることも可能になるでしょう。

教育面では、教師の癒しが必要です。小・中・高校の先生たちが生徒に与える影響は大きいと思います。教室現場の快適な雰囲気づくり、自然体での学習能力の向上、志の高い生徒の育成などを達成するために、まずは先生自身の気の重心を「宇宙の中心」まで下げてほしいと願っています。

佐藤気功センターでは上級者実践コースを平成18年の1月より開始し、同年7月現在30

名の方が修了しました。修了した方は各地域で家族的グループを作り、研鑽に励んでいます。気の重心が「足裏」以下に下がった人が全国各地に広がっていけば、近い将来あたらしい価値観をもった人たちによる地域の活性化が始まるのではないかと期待しています。そして、この意識のネットワークが、日本から世界へと発信され、広がっていくことを願ってやみません。

本書を出版するあたり、多くの方々のご協力を賜りました。３章で登場していただきました先生方、４章で体験談を寄せていただきました皆さんの御厚意なくしては、本は出来ませんでした。この場を借りて心より厚くお礼申し上げます。

また、カバー袖の私の顔写真をはじめ、ご協力をいただきました株式会社　健康ジャーナル社にも大変お世話になりました。前著に続いて安保徹先生に推薦をいただけたことは光栄の限りです。

さらに、気功を通じてこれまでいろんな場面でご一緒させていただきました皆々様との関わりなくしては成し得なかったものでもあると思っています。

ほんとうにありがたく、心よりお礼申し上げます。

平成十八年九月　吉日

佐藤眞志

●資料協力：『体温免疫力BOOK』（冷え取り健康ジャーナル28号）健康ジャーナル社

佐藤眞志（さとう・ただし）

1949年、山形県生まれ。1972年、東海大学短期大学部電気通信工学科卒業。1991年、佐藤気功センター・意識科学研究所設立。1992～94年、体外離脱に関する共同研究を、電気通信大学・東北学院大学・日本医科大学およびソニー（株）等と行ない、1993～95年、人体科学会発行の学会誌に原著論文として掲載された。2000年、遠隔気功に関する共同研究を東北学院大学・東京工業大学・日本医科大学等と行ない、2001年、国際生命情報科学会発行の学会誌に研究論文として掲載された。2006年、群馬統合医療推進プロジェクト発足メンバーに。

佐藤気功センター　http://www.satokiko.jp/

カバーデザイン：神崎夢現
本文イラスト：飯塚幸作
企画・プロデュース：中野展子

生きる力がわいてくるスピリチュアル気功

平成18年10月7日　初版　第1刷発行

著　者　佐藤眞志
発行者　日高裕明
発　行　株式会社ハート出版

〒171-0014
東京都豊島区池袋3-9-23
TEL.03-3590-6077
FAX.03-3590-6078

ハート出版ホームページ
http://www.810.co.jp

定価はカバーに表示してあります

印刷・製本／中央精版印刷

ISBN4-89295-548-5 C2077

佐藤式気功を知る入門書

幸運を呼び込む スピリチュアル気功

佐藤眞志・著

「拡大気」と「収縮気」の理論で、「気の重心」を下げれば生命力が高まり体外離脱も可能になる。人生の迷いや健康の不安などを解き放つ驚異の体験の数々。
安保徹教授推薦の「気功革命」。

四六並製 272 頁　本体1500円　ハート出版